中小学信息技术教学与管理创新探究

何乐臻　吴国忠　孟晓曼◎著

中国出版集团　现代出版社

图书在版编目（CIP）数据

中小学信息技术教学与管理创新探究 / 何乐臻，吴国忠，孟晓曼著. -- 北京：现代出版社，2024.2
ISBN 978-7-5231-0784-3

Ⅰ. ①中… Ⅱ. ①何… ②吴… ③孟… Ⅲ. ①计算机课－教学研究－中小学Ⅳ. ①G633.672

中国国家版本馆CIP数据核字(2024)第051325号

中小学信息技术教学与管理创新探究
ZHONGXIAOXUEXINXIJISHUJIAOXUEYUGUANLICHUANGXINTANJIU

著　　者　　何乐臻　吴国忠　孟晓曼

责任编辑　　袁　涛
责任印制　　贾子珍
出版发行　　现代出版社
地　　址　　北京市安定门外安华里504号
邮政编码　　100011
电　　话　　(010) 64267325
传　　真　　(010) 64245264
网　　址　　www.1980xd.com
印　　刷　　三河市九洲财鑫印刷有限公司
开　　本　　787mm×1092mm　1/16
印　　张　　11.25
字　　数　　212千字
版　　次　　2025年2月第1版　2025年2月第1次印刷
书　　号　　ISBN 978-7-5231-0784-3
定　　价　　78.00元

前　言

随着信息技术在社会生活中的广泛应用和影响力的增加，中小学信息技术教育变得至关重要。信息技术是现代教育体系中不可或缺的一部分，它不仅是一种基本技能，更是培养学生创新能力、解决问题的能力以及提高综合素质的关键工具。中小学信息技术教学与管理创新探究，旨在培养学生的综合技能，推动学生的终身学习和发展。

基于此，笔者以"中小学信息技术教学与管理创新探究"为题，首先分析信息技术教学相关概念、中小学信息技术应用的理论、中小学教学中的信息技术、中学信息技术课程教学的内容体系、中小学信息技术课程教学设计与环境；其次对中小学信息管理平台设计与构建、中小学信息管理系统应用及其技术、中小学信息化管理及其创新实践进行研究。

本书将信息技术教学的理论与实践相结合，旨在为中小学教师和管理者提供实际可行的方法和策略，以提高信息技术教育的质量。书中涵盖了信息技术教学与管理的多个方面，并借助案例分析帮助读者更好地理解教学与管理创新的原则，这种综合性和创新性有助于读者获得全面的了解，并能够在多个层面上改进信息技术教学，有助于培养学生的数字素养和技术技能，从而使他们更好地适应未来的数字化世界。

在本书写作的过程中，笔者得到了众多专家和学者的尽心指导与鼎力支持，在此表示最诚挚的感激之情。由于书中涵盖内容较多，篇幅有限，时间仓促以及笔者的视野局限性，尽管主观上尽了最大努力，但难免有疏漏之处，希望各位读者提出宝贵的意见，以便笔者进一步修改，从而使本书更加完善。

目　录

第一篇　中小学信息技术教学探索

第二篇　中小学信息管理及创新探究

第一篇
中小学信息技术教学探索

第一章 中小学信息技术教学的理论支撑

第一节 信息技术教学相关概念阐释

当今信息技术的迅速发展和广泛应用，不仅改变着我们的生活方式，也改变着我们的教育模式。信息技术教学已经成为中学生的必修课程，已经超越了过去仅仅把信息技术教学作为工具使用的计算机技术操作能力的训练，而成为以培养信息素养为主要目标的教育理念，信息技术教学的发展将促进信息化教育的实现。

一、信息的概念

人的衣食住行离不开信息；人际交往与沟通离不开信息；科技的进步、经济的繁荣、社会的发展也都离不开信息。信息论的创立者、美国数学家、通信工程师申农 1948 年在他的《通信的数学理论》一书中指出："信息是二次不定性之差。不定性就是对事物认识不清楚，不知道。信息就是消除人们认识上的不确定性。"从通信的角度来看，信息就是通信的内容，通信的作用就是消除信息接收者的某种不确定性。"不确定性"是指人们如果对客观事物不了解，对其缺乏必要的认识，往往表现为对这些事物是"不清楚的"，这实际上就是指人们认识上的不确定性。而当人们通过努力，利用各种方法、手段，了解了这些事物的有关情况，对它们的认识就从不清楚变得较清楚或者完全清楚，这种不确定性就减少了或消除了。

申农之后，美国数学家、控制论的创始人维纳在他的《控制论和社会》一书中把信息定义为："信息就是我们在适应外部世界，并且使这种适应反作用于外部世界的过程中，同外部世界进行交换的内容的名称。"这在更一般化的高度上阐述了信息的概念。任何一个控制系统都离不开信息流动和信息交换，如人们在其社会活动过程中，为了相互了解、协调行为，实现活动的目标，也需要人与人之间的相互交换，这种交换的东西就是信息。因此，信息是系统中各要素之间相互交换、相互作用的内容。

综合以上内容可知，信息是事物（包括人）发出的、能够被接收者感受到的刺激或作用，如通过人和动物的眼睛、耳朵、鼻子、舌头、身体和大脑等接收到的外界事物及其变化，是信息能被无生命的物质感受到的事物及其变化。例如，书刊上的文字和图画，周围环境的噪声，原野上泥土和花草的芳香，气温的冷暖，深藏在大脑里的想法，能消除接收者不确定性的消息、通知、情报、指令、数据等，都是信息。所以，信息是一个涵盖范围非常广泛的概念。

（一）信息的特征

信息主要具有以下特征：

第一，信息的普遍性。信息普遍存在于人们的世界，但不同时间、场景中的信息种类、意义、价值等各不相同，如铃声，在学校通常是上课或下课的含义，而在考试时却是考试开始或考试结束的意思。

第二，信息是事物运动状态与规律的一种反映。可以对信息研究找出事物的本质，也可能因为不能正确理解与运用信息而一事无成或造成失误。同时，信息对事物的表征具有不完全性，即信息只可能从不同的角度、深度和广度去反映、描述事物，不可能完全地重现出该事物的客观事实。

第三，信息具有采集、加工、传输和存储性。人们可收集各种信息，但这些信息可能是混杂无序的，需要进行识别、分类整理，加工出有序而有用的信息，通过一定的载体对加工后的信息进行传输和存储。例如，把文字、声音、图形、图像等符号（载体）表示的信息记录在纸张、光盘、硬盘等存储介质中，使其长期可用。

第四，信息具有可传递与可共享性。通信是目前信息传递的最主要方式，包括交换和传输。交换包括有线电路交换和分组交换，传输包括有线和无线传输。信息可以复制共享，也可以通过网络和通信进行信息交换和共享。

第五，信息的价值性。信息的获得、转换与处理都要花费相当的劳动，因此具有一定的价值。当信息被人们利用时，就具有了价值。没有得到应用的信息没有价值。信息也是一种衰老得比较快的资源，信息的获得、转换与处理都需要一定的投入，而对其利用必须及时，才能充分体现其价值。

第六，开发增值性。信息通过人脑的处理加工，可以不断积累与分析综合，变为新的知识与信息，增加信息的价值。所以，在收集与利用信息时，应该根据信息的这些特点，注意信息的准确客观，注意信息的快速收集与利用，注意信息的适度收集与应用，注意信息的及时利用与成本分析。

（二）信息的作用

随着时代的变迁，信息的获取、传递、处理和利用技术的进步，信息在人类社会的经济、文化、科技、管理等方面的作用越来越大，影响到人类生活的方方面面，成为社会生活中必不可少的重要因素。信息在人类活动中的作用主要表现在以下方面：

第一，信息是经济发展的重要因素。在市场经济的条件下，经济的发展离不开对各类市场中的信息进行收集加工、分析的过程。信息的加工与利用已成为当今世界经济发展的重要因素。

第二，信息是人类知识的源泉。信息是人类在认识世界、改造世界的过程中获得的新认识、新内容。这些新认识、新内容的积累和加工构成了人类的知识体系。随着认识的不断深入，新的信息不断涌现，人类的知识也就得到不断的更新和完善。

第三，信息是推动科技进步的手段。当今世界竞争的焦点是科学技术的竞争。收集、引进、消化和吸收世界范围的科学技术信息，是加快本国、本地区科技进步的重要手段。

第四，信息是科学决策的依据。决策是管理的核心内容，而信息是科学决策的前提和依据。只有获得与决策相关的全面、准确、可靠的信息，才能保证决策的科学性。

第五，信息是社会进步的必要条件。社会的进步离不开各种先进思想的传播和生产力的提高。信息的传播正在改变人们的工作方式、学习方式和生活方式，成为社会进步的必要条件。

二、信息技术的概念

对信息技术的理解有广义与狭义之分：广义的信息技术就是指人类获取、加工、存储、提取、传递和利用信息的技术。人类在认识和改造自然与社会的实践中，为了达到预期的目的，需要扩展人的信息器官功能，从而促进了信息技术的产生和发展。虽然信息本身既不是物质，也不是能量，但是任何信息的存在都离不开一定的物质载体和能量，因此，研究信息技术也就离不开信息存在和传递的物质基础。狭义的信息技术特指计算机技术与通信技术的结合即 C&C（Computer and Communication）技术，或计算机技术加通信技术加控制技术，即所谓的"3C"（Computer Communication Control）技术。由于计算机具有强大的信息处理功能所以基于计算机的信息处理技术和多媒体整合技术是当前信息技术的关键与重点内容。信息技术的内容十分广泛，不能把信息技术与计算机技术等同起来。

（一）信息技术的种类与特征

信息技术按照不同的分类标准可以分成不同的种类，常见的分类方法主要包括两种：

一是从信息依附的载体和方法进行分类，信息技术可以分为印刷技术、视听技术、基于计算机的信息处理技术和多媒体整合技术；二是从信息技术的信息功能进行分类，信息技术可以分为感测技术、通信技术、智能技术和控制技术等。以计算机和网络技术为主要内容的现代信息技术具有以下特征：

第一，数字化。数字化具体表现为信息表示数字化、信息处理数字化、信息传输数字化。数字化信息具有保真度高、存储容量大、传递速度快等特点。数字化是现代信息技术的核心技术。信息化时代、信息化社会在某种意义上可以说是数字化时代、数字化社会。

第二，智能化。信息技术与认知科学等学科的融合产生了人工智能。它用计算机来模拟、延伸和扩展人的智能，以实现机器思维或脑力劳动的自动化，如智能教学系统等。

第三，网络化。卫星通信、光缆通信等构成了立体化信息传送网络。各种电子通信网络的发展、卫星电视、国际互联网和全球信息高速公路的建设，使信息传播速度更快，范围更大，实现了全球信息传播的网络化、立体化。

第四，多媒体化。多媒体计算机和超文本技术结合，形成了集文本、声音、图像、影像于一体的超媒体技术，再由网络技术把全球范围的多媒体信息按照文本形式链接起来，使信息传递更加方便、快捷和有效。

第五，虚拟化。由计算机仿真生成虚拟的现实世界，可以给人一种身临其境的真实感觉。在虚拟现实中，仿佛进入了真实的世界，可以通过虚拟现实情境去感知客观世界和获取有关知识，形成技能。

除了以上特征外，还应该注意到信息技术具有区别于其他技术的特征，即信息性。具体表现为信息技术的服务主体是信息，核心功能是提高信息处理与利用的效率，效益。由信息的秉性决定信息技术还具有普遍性、客观性、相对性、动态性、共享性、可变换性等特性。由于信息技术广泛应用于社会的各领域和各方面，笔者认为还应该具有一些相关的社会性特征，如信息技术属于知识密集型，技术更新加快，信息技术研究开发风险性大等。

（二）信息技术下的社会变革

人类社会经历了农业社会、工业社会，正在向信息社会迈进。在漫长的岁月里，信息技术的发展经历了四次革命性的飞跃：第一次是印刷术的出现，使得人类长期积累下来的文化得以流传后世；第二次是无线电和电视技术的发明，使得信息得以大范围、远距离、快速传播；第三次是计算机技术的应用，极大地拓展了人类处理复杂信息的能力；第四次是多媒体整合技术的发展，标志着人类进入了更加广泛应用信息技术的阶段。

随着信息技术在社会各个领域的应用，整个社会的生产和生活方式正在引发深刻变革。信息技术在人类社会各个领域和国民经济各个部门渗透与应用的速度加快，必将促进社会和经济的飞速发展。根据社会学家的分析和预测，在信息技术的推动下，未来的信息化社会通常会出现以下特征：

第一，在信息社会，信息技术将代表最先进的生产力，它的发展以科学技术的创造发明与应用为前提，可以带动整个高新技术的发展。更重要的是，信息技术的发展可以实现装备的微型化、自动化，以及劳动的智能化，可以把人类从繁重的体力劳动中解放出来，减轻劳动强度，缩短劳动时间，从而提高劳动生产率。

第二，在信息社会，产业结构生产组织和生产方式等方面发生了重大变革，如以信息技术为核心的高新技术产业、咨询业、信息服务业将作为独立产业存在并在整个产业结构中的比例上升，农业、工业的比重反而下降。在生产方式上，将主要以信息技术提供的市场信息为导向，实行"灵活制造""柔性生产"，即以生产资料组合和重编等方式迅速灵活地适应市场的变化与技术的发展需要。在组织形式上，为了获得最大利润，也打破了地域、国家的限制，实行全球范围内的最佳组合或联合，"跨国公司""全球经济"的运作方式将会普遍实行。

第三，在信息社会由于信息的交换与创新，使得知识量、信息量猛增，在信息社会里，人类知识的更新速度会急剧加速，职业的转换也会更加频繁，人类社会将是一个学习化的社会。

第四，在信息社会，信息的传播不受时空的限制，信息流通速度加快。这样就极大地改变了人类乃至整个世界的时空关系，人类的交往会更加频繁，偌大的地球将成为一个小小的"村庄"。

第五，在信息社会，信息技术极大地方便了人们的学习工作和生活。信息技术在社会各领域的广泛应用，信息流通上的便利，物质生产上的发达，将使人类的物质生活和精神生活更加多样化，更加丰富多彩，生活质量也会大幅度提高。

三、信息技术教学的思路

随着现代信息技术的迅速发展及其在社会各方面的广泛应用，当今社会正朝着信息化的方向发展。社会的信息化不仅改变了人类传统的信息交流方式，加速了社会政治、经济、文化的发展，更为重要的是，它已经深化为改造人类生产和生活方式的基本手段，并推动全社会的"文化重塑"。信息技术已经成为推动经济发展的强大动力，成为衡量一个国家或地区综合国力的重要标准之一。加快发展与普及应用信息技术，开展信息技术教学，大力提升国民的信息素养，成为提高综合国力、获取竞争优势的重要举措之一。信息技术教学的重要思路如下：

（一） 实施信息技术与课程教学整合

信息技术教学的模式之一是将信息技术教学整合在其他课程中，从提高信息技术教学质量和培养信息素养的视角考虑，要把信息技术教学整合于各学科教学中，使学生在实际操作应用过程中掌握信息技术的应用功能，使学生能够将信息的收集、整理、分析、应用创造等技能融入学习和生活中，并培养对信息伦理道德的认知，使学生自然习得技能，促进信息素养的提高。但是，要真正将信息技术与课程整合提高教学质量，不是简单的形式上的整合。可以借鉴先进的整合理念和模式，进一步探索合适的整合模式和方法，开展信息技术在不同学科教学、学习中的应用模式、应用效果的研究，加强对学生主动应用信息技术解决实际问题能力培养的课题研究。

（二） 构建信息技术教学的内容体系

信息技术课程与其他课程目标一样，要体现学科发展的需要、当代社会生活的需求和学习者的需要。面向学科体系的课程目标比较容易确定；面向社会需要的课程目标也比较清晰，强调教学内容的实用性；面向学生个人发展的课程目标是根据学生的个人发展状况确定的，有利于学生的全面发展。在课程内容的确定方面，要围绕教学目标，结合学科特点构建科学的内容体系。同时要关注社会需求，以学生的发展为中心，构建合理的教学内容体系。

（三） 以学生为中心开展信息化教学

在信息技术教学中要体现以人为本，以学生为中心开展教学。我国基础教育改革的理念是以学生的发展为中心，信息技术教学也应该加强对学习者的关注，关注学生个体发展，注重培养学生的实践能力、应用能力及创新能力。这就必须改革传统的信息技术书面考试加简单化的上机操作测试的评价方式，可借鉴先进的评价方式，采用灵活多样的方式对学生的学业成就进行评价，如电子学档、作品评价、量规评价、绩效评价、契约评价等。评价不仅要关注结果更应关注学习过程。评价可采取多元化方式进行，如学生自评、小组互评、教师评、专家点评等。建立态度、情感、能力、知识并重的多维立体的评价体系，促进学生全面发展。

（四）加强教育信息资源建设与优化

在开展教育过程中，教育信息资源对于提高教学质量发挥着重要的作用，我国应加快教育信息资源网络化建设。同时，要避免重复建设和资源浪费，整合教育信息资源。教育信息资源是信息化环境下教育者开展教学实践的基本前提，有效开发和积累是当今教师应具备的基本技能，所以应倡导教师构建个人教学资源中心和数字化教学资源中心。在教学实践中，注意挖掘、收集、整理、制作、存储、交流、共享、管理和利用各种数字化教学资源，力求教学效果的最优化。

第二节　中小学信息技术应用的理论

中小学信息技术应用是建立在建构主义理论基础之上的，其学习环境包含情境、协作、会话和意义建构四个要素。"中小学信息技术应用可以描述为：以学生为中心，学习者在教师创设的情境、协作与会话等学习环境中充分发挥自身的主动性和积极性，对当前所学的知识进行有意义建构并用所学解决实际问题。"[①] 在教学中，教师由知识的传授者、灌输者转变为学生主动获取信息的帮助者、促进者；学生由外部刺激的被动接收者和知识的灌输对象转变为信息加工的主体、知识意义的主动建构者。信息所携带的知识不再是教师传授的内容，而是学生主动意义建构的对象（客体）；教学过程由讲解说明的进程转变为通过情境创设、问题探究、协商学习、意义建构等以学生为主体的过程；媒体也由教师讲解的演示工具转变为学生主动学习、协作式探索、意义建构、解决实际问题的认知工具，学生用此来查询资料、搜索信息、进行协作学习和会话交流。

中小学信息技术应用是建构主义理论与先进的技术（如多媒体技术、网络技术、通信技术、人工智能技术）相结合的产物。运用建构主义理论形成全新的教学模式，促进教学内容与方法的变革和实现教育信息化，已经成为当今教育的必然选择。

中小学信息技术应用的理论基础是建立在信息化教育的背景下，以教育信息化的思想理论为基础，结合中小学课程特点，以建构主义为指导的理论体系。建构主义认为，学习过程是人的认知思维活动主动建构的过程，是建构内在心理表征的过程，是人们通过原有的知识经验与外界环境进行交互活动以获取、建构新知识的过程。知识并不是通过教师传

---

① 吕红军，李梅. 中小学信息技术的迭代及应用 [M]. 青岛：中国海洋大学出版社，2018：2.

授从外界搬到记忆中，而是学习者在一定的情境及社会文化背景下，借助其他辅助手段（包括教师和学习伙伴以及其他学习工具），利用必要的学习材料，通过意义建构的方式而获得。学生在学习中要主动建构客观事物及其关系的表征，这种建构不是外界刺激的直接反应，而是通过已有的认知结构（包括原有知识经验和认知策略）对新信息进行主动加工而建构成的。这种学习更加强调学习的主动性、探究性、社会性、情境性、协作性。

在建构主义学习的框架内，教师鼓励学生自己发现原理。为了让学生从信息的被动接收者变为积极的知识建构者，我们必须提供环境让他们参与学习活动，提供适当的工具让他们运用知识。移动设备给我们提供了独特的机遇，让学生进入真实的情境，使具体情境下的信息传递成为可能；同时，移动设备的计算与信息管理功能，可以作为认知工具来支持、指引和扩充学生思维过程或心智模式，促进知识内化与问题解决。所以，在移动学习中如何利用移动技术促进学习和知识构建是十分值得研究的。

第三节　中小学教学中的信息技术支撑

一、中小学教学中的"计算机+投影"

"计算机+投影"教学属于多媒体教学，特指运用多媒体计算机并借助于预先制作的多媒体教学软件来开展的教学活动，又可称为"计算机辅助教学"（Computer Assisted Instruction，CAI）；其原理是依据教学目标和对象的特点，通过教学设计，合理选择和运用教学媒体，并与传统教学手段相结合，将多种媒体信息作用于学生，如静止图片、音频、视频等，形成合理的教学过程，使学生在最佳的学习条件下进行学习。

（一）中小学教学中"计算机+投影"的应用优势

"计算机+投影"教学是现代意义上信息化教学的开端，它是在计算机上制作"电子教具"，并通过投影仪投射到幕布上，从而改写了运用手工制作教具进行教学的历史，具有划时代的意义。它在一个比较长的历史时期里主宰了课堂教学，甚至现在还在很大程度上发挥作用，尽管呈现端可能已经更换成高级幕布——交互式电子白板或触控一体机，但是仍然有很多教师喜欢在这样先进的媒体上应用"电子教具"。归根结底还是在于这种教学形式有其自身的特点和优势。

第一，直观性，传统教学主要以文本和教师描述为主，学生思维受到很多限制。而此环境图文并茂，有效突破了视觉的限制，学生能够多角度地观察对象。这样，既能调动学生情绪，激发兴趣，集中注意力，突出重点，便于理解概念和掌握方法，又能有效引发学生联想，促进思维发展。

第二，动态性，音、视频以及实验演示，真实情境的再现和模拟等，使学生能够经历知识产生的过程，既能有效突破教学难点，又能调动学生参与的主动性，有利于学生形成新的认知结构。

第三，大信息量、大容量性，课件具有一定的资源整合性，除了文字、图片以 Power-Point（以下简称 PPT）的形式呈现外，教师还可以把教学所需要的音频、视频链接进课件里，形成视听完善的教学效果，从而极大地提高了教学的吸引力，激发了学生学习的兴趣，同时节约了时间和空间，提高了教学效率。

第四，简单性，操作的门槛非常低，教师会用电脑就会播放 PPT，只要点击鼠标就会一页一页地往下播放，不需要掌握过多的技术，因而普及率是相当高的。另外，PPT 还可以帮助教师梳理教学思路，帮助教师解决备课上课容易遗忘的问题。在传统的课堂上，由于紧张、分神等多种原因，教师有时会出现卡壳、思维短路等现象，造成不利的局面。而 PPT 的播放，则起到了有效的提示作用，从而保证了各个教学环节、教学活动的完整性和连贯性。这些优势的存在，正是 PPT 这种看似简单的媒体运用能够保持长久不衰的重要原因。

（二）中小学教学中"计算机+投影"的应用重点

"计算机+投影"虽然提供了丰富的资源呈现方式，吸引了学生的注意力，但是，教师在教学设计和教学过程中应注意以下问题：

第一，把学生放在教学设计和教学过程中的主体地位。技术是为教学服务、为学生学习服务的支撑工具之一。所以，PPT 课件的设计要遵循有利于提高学生学习兴趣、有利于帮助学生理解的原则，遵循学生的认知规律，突出事物的最本质特征，忽视非本质的次要特征（如与完成教学目标关系不大的音频、视频、动画等效果）；课堂上，教师要充分发挥本身的感染力，淡化技术因素，充分调动学生思维，帮助他们深度理解。通过 PPT 课件的使用，既能够产生形象生动的课堂效果，也能够有效促进学生思维发展。

第二，与其他教学手段有机结合。不同的教育技术手段有各自不同的优势。例如，数学学具中的小棒，不仅有质感，而且能够培养学生的动手能力。因此，PPT 课件要与传统的模型、标本实验、录音、录像、电影等手段有机结合。因此，教师必须建立起多种技术工具整合的思想，在整合使用教育技术的过程中实现教学效益的最大化。

第三，重视课堂动态生成的处理。课堂的本质是互动和生成，但是教师的 PPT 课件在课堂上很难修改，因此很多时候要通过板书的方式来处理；而板书与课件相比，最大的优势是让学生经历知识产生的过程，而不是 PPT 课件的直接给予，主动和被动的学习效果是不一样的。很多时候，师生板书的内容还要进行二次利用，教师可以用手机拍照留存，以备进行教学反思和再利用。总而言之，教师要有这样的意识，随时关注课堂的生成并灵活机智地加以处理和利用。

二、中小学教学中的交互式电子白板

随着科学技术的进步和发展，现阶段信息技术和日常教学发展对投影技术提出了新的需求，传统多媒体投影和黑板的组合越来越不适应当前的教学实际。现今的课堂教学改革，需要兼容黑板和多媒体投影的全部功能，可方便、大量地引入网络数字信息资源，又可全面加强师生参与对话和互动的合理教学环境。交互式电子白板在中小学课堂中广泛应用，必将汇集更多数字资源，提升课堂交互合作能力。

交互式电子白板，实质是"大尺寸交互显示界面"，它将计算机主机与电子白板连接，将影像投影到电子白板屏幕上。在白板屏幕上利用手指或者感应笔完成文件访问、注解标记、无痕书写等操作，所有操作过程可随时编辑管理、保存、打印和通过网络发送。电子白板交互式技术融合了计算机技术、微电子技术与通信技术，由交互白板（包含感应笔）、投影系统以及配套软件构成。配套软件可在计算机界面工作模式、计算机界面注释模式、活动挂图模式三种相互切换的模式下工作。中小学教学中交互式电子白板的应用需要注意以下方面：

（一）教学过程简单易控，提高教学互动水平

"在课堂中使用交互式电子白板授课，教师可以有效地避免在主控台与大屏幕间往返，可充分发挥课堂中教师的肢体语言作用，提高学生的注意力。"[①] 教师可根据教学目标需要，对教学环节进行合理设计，营造和谐、互动情境，让电子白板成为师生组织集体学习和开展平等对话的载体。学生利用电子白板可以获得更多的参与台前展示、合作学习、探究学习的机会，主动性与积极性得到提升，让学生在教学中的主体性地位得以体现。

（二）教学情境创设灵活，推动教学资源整合

基于交互式电子白板的教学过程实际上是一个教学资源灵活整合的过程，目标是营造

---

① 牛刚. 交互式电子白板在中小学课堂教学中的应用初探 [J]. 内蒙古教育，2016（2）：95.

出灵活、可创新的教学环境。特别是实现互联网+白板模式时，多点异地数据实现同界面教学交互，并可对多种类型的数字化信息资源进行灵活的编辑组织、展示和控制，当教师引入更加灵活、自然、形象的数字资源时，对学生成长记忆中的经验进行刺激唤起，帮助学生利用已有知识同化新知识、建构新知识。从根本上解决了传统多媒体技术中使用高度结构化课件和幻灯片讲稿带来的一系列问题。

（三）实时保存教学信息，有效实施教学过程

教师教学和学生学习的所有文字、图形或插入的任何图片都可记录在硬盘或移动存储设备中，通过打印将写好的页面资料分发给学生，帮助学生整理完成笔记，供课后温习或作为复习资料使用。这样促使学生可更加专心地投入集体学习当中，有效地提升学生学习效率，提高了学习质量。实时保存师生教学互动信息，给教师课后总结、分享教学经验提供便利，促使教师的专业发展得到保障。可以说在教学中电子白板的保存和互动应用，有效地实现了教学相长。

（四）及时反馈教学效果，有效实现教学目标

教学时师生反馈是否及时有效是体现教学效果的一个重要环节。在课堂教学中应用交互式电子白板，教师可实时获取学生的反馈信息，也可将指导意见及时地反馈给学生，实时改变教学方法与调整教学策略，优化教学效果。特别是感应笔的使用，取代了电脑主机前的鼠标，彻底将教师解放出来，有助于教师将有限的精力用于渲染课堂气氛、增强教学的生动性，从而完成难度更高的情感教学任务。

综上所述，交互式电子白板的出现使课堂教学实现了重大的突破——为教师实现屏幕与计算机之间交互式控制、教学材料实现灵活交互应用提供了可能。使课堂教学不再枯燥乏味，有效地展示了教师的肢体语言，提高了师生间的活动性，提升了学生专注力，提高了学习质量。相信随着技术的不断完善，交互式电子白板作为课堂教学的一种新的媒体技术能更好地为课堂教学服务。

三、中小学教学中的智能移动终端

近年来，传统的教学模式逐渐与互联网和移动通信技术相融合，给教师的教学方式和学生的学习方式带来新的活力。智能移动终端是现代信息技术的典型实现方式，突破了用户网络资源应用的时间和空间限制，一个具备完整功能和资源结构的 App 应用能带给用户不同的体验。

（一）基于智能移动终端的学生学习特征

第一，学习内容趋向数字化。传统学习中学生最主要的学习资源是教材，教材是一种固化的知识呈现方式，以文字和图片的方式简单抽象地描述知识，这样的呈现方式不利于学生学习。

第二，根据需要选择学习时间与地点。由于中小学生的学习压力很大，需要奔波于学校、家庭以及课外辅导班之间，而智能移动学习终端可以使学生不受固定学习时间或地点的限制，能够灵活安排学习时间，体现终身学习的理念。

第三，调动学生学习兴趣与主动性。智能移动学习终端有助于学生开展各式各样的学习活动，如个性化学习、对话学习、协作学习、探究学习等，学生还可以自由选择所需学习资源的类型和数量，形成个性化的学习方式，成为学习的主人。

第四，促进知识的有效交互与流通。智能移动终端支持学生随时随地发表学习想法和提出学习问题，利用网络实现同伴间、师生间的有效交互。

（二）基于智能移动终端的学习应用分析

1. 基于智能移动终端的学习社会社区

"智能移动终端实际是一台可以无限制移动使用的网络计算机，利用智能移动终端可以构建一个网络学习社区。"[①]

（1）微课程。教育者根据移动学习的特点设计学习者所需的课程资源，提供个性化服务满足学习需求。教师根据教学重难点和易错点提供学习支持资源，学生随时随地访问管理平台的课程目录学习当天的新知识或复习已掌握的知识，还可以装进电子书包。虽然学习内容因移动学习和个性化学习表现为碎片化，但是课程目录能够实现知识的系统化和结构化，每个简短的小模块课程汇集成适量且系统的知识点或疑难点，有利于学生在碎片化时间开展学习，长期坚持就会取得日益明显且方便评估的学习效果。智能移动终端不适合大量文本内容的呈现，展示的学习内容一定是精简、有序、直观且动态化的资源。

（2）学习活动。教师或学生可以利用智能移动终端的社会性软件开展针对某一知识点或话题的移动学习或实践，一般由教师先根据课程目标设计实践项目，再引导学习者利用移动终端的资源开展自主学习、探究学习和协作学习，根据个体的学习进度进行调整。

（3）笔记区。类似腾讯 QQ 空间或微博/博客等平台。学习者把学习经历和感悟以文

---

① 靳君. 智能移动终端在中小学教学中的应用探析 [J]. 兰州教育学院学报，2017，33（5）：165.

字或照片等多媒体形式发布，通过其他学习者的浏览和评论实现交互，促进知识和信息的传播。

（4）知识大通关。类似闯关平台或游戏社区，学习者可以根据个体的知识技能掌握情况自主选择难度等级，参加某个感兴趣领域的"考试"，系统会识别每一个数字身份并智能记忆，能够读取每一次成绩记录，能够计算出正确率以及易出错的知识点，还能追踪任务完成情况，记录并分析学生的微课程学习情况，使得教师、家长以及学习者都能根据记录的数据掌握移动学习的效果。

（5）问题吧。一旦学习者遇到学习难题可以在线发布，教师和其他同学会收到消息开展即时讨论，从而迅速解决难题。当学生对某些问题存有疑问时，教师可以针对学生提出的难题在课堂教学中重点讲解某一方面的知识，实现高效教学。系统中置顶的问题能够定期汇总成错题集，方便学生在强化练习中掌握知识。

2. 基于智能移动终端的翻转课堂应用

在传统教学模式中，学生在课堂上学习新知识，回家完成作业，这样的学习模式导致学生掌握相同的学习方法却独立面对作业难题，与当前社会对于人才能力的需求相反。翻转课堂方便学生以自己的方式独立学习新知识，和同伴、教师在课堂上一起面对复杂和困难的知识应用与迁移，从而掌握适合自己的认知策略，还能培养探究能力和协作能力。在构建学习社区系统的基础上，利用智能移动终端实现了翻转课堂的教学应用，并建立了应用模式。

（1）学生可以利用校园内移动设备参与互动、群讨论、数字化学习竞赛等。根据学生联机练习的时间长短确定学习等级，学生能够拥有更多的主动权，包括发起话题和投票等。

（2）如果学生在学习中产生疑问，可以在社区里提问，可以与同学、教师交流学习心得和讨论问题，实现个性化的即时交流。

（3）学生不需要每天记录作业和任务，使用手机即可随时登录校园终端，通过唯一的数字身份登录所在班级查看"每日必备"。学生在课外实践活动中不需要自带学习资料，只需要使用移动设备搜索和发布学习资源，完成实地观察和指导亲身实践，更迅速地掌握知识。事后学生可以发布学习笔记分享和交流学习经验，完成学习任务。

（4）教师可以利用社会性软件联系学生和发起难题讨论，如腾讯 QQ、微博、博客、微信等。

3. 基于智能移动终端的家校互动研究

家长拥有智能移动终端的数量远多于学生，因此，学校可以通过家长的移动设备发布微课程和更新信息，通过家校交互辅助学生的学习。

（1）信息交流。学校或教师定期将教育信息告知家长，家长能实时掌握学校和教师的教学理念和教学进程，能随时了解学生的在校动态，从而配合学校教育开展符合学生特征的家庭教育。

（2）学业监测。家长可以使用权限账号登录学习社区，根据课程安排了解学生每天的学习任务和效果，了解教师的教学实施和要求，还能通过学生的作业或测试卷实现发展性评价，便于评估学习效果。

（3）建立家长发展学校。中小学阶段是人生发展的关键阶段，虽然家长扮演着重要的角色，但是逐步失去了对孩子的教育能力。智能移动终端可以构建家长发展学校，家长能够及时了解学校和教师定期发布提升教育能力的学习内容，还能促进家长之间的交流和沟通，建立生态化的教育环境。

（三）智能移动终端教学对学生的重要作用

第一，学生获取知识的广度和深度发生了变化。传统教学中学生只能从教材中获取有限的内容，以多媒体计算机和互联网为代表的信息技术有助于学生从世界各地获取学习资源，既拓宽了学生的知识面，又提升了学生的思维广度和深度。

第二，师生的交互方式发生了变化，不局限于师生的面对面交互，微社区和网络成为师生交互的第二空间，能够实现一对一交互效果，也有利于学生的个性化发展。

第三，学习环境的变化带来学习模式的变革。教师利用信息技术创设教学环境，支持学生开展基于网络的探究学习和协作学习，改变了传统上"依靠教材""依靠教师"的学习模式，使学生真正成为学习的主人，成长为符合社会发展需求的创新人才。

综上所述，智能移动终端学习是当前教育改革和研究的热点领域。科技进步、教育理念更新和学校教育形式多元化带给中小学教育新的发展契机，移动学习与传统教育的融合是我国教育改革的大势所趋，教育者应以新教育理论为支撑，运用技术探索基于智能移动终端的教学应用模式，利用移动设备开展有效的教学实践活动，使中小学学生在碎片化时间通过交互实现泛在学习。

第二章 中学信息技术课程教学的内容体系

第一节 中小学信息技术课程教学的内容

一、中学信息技术课程教学的内容

教学内容的选择、组织是教学设计过程中的一项基本工作，是课堂教学中最根本最主要的组成部分，也是许多教学问题的集结点，因此教学内容分析的好坏直接影响着教学的效果和教学目标的实现。对教学内容进行分析时，为了使每个单元及每节课的学习内容都能为实现总的教学目标服务，应该先把学习需要分析得到的总的教学目标进一步分成多个具体目标，然后根据学习结果的分类方法确定这些具体目标的类型，再根据教学目标的类型选定相应的教学内容，安排好教学内容的顺序，最后对所选择的教学内容进行初步评价，这就是教学内容分析的全过程。中学信息技术课程教学内容分析的主要任务是：根据课程标准的规定，结合教学目标和学生水平分析教学内容中的重点、难点并简要说明教学内容在整个知识体系中的位置。因此，在教学内容分析的基础上，突出重点，要反复地讲；分散难点，要缓慢地讲；交代一般内容，要简明地讲。这样可以保证教学信息的输出疏密相间，错落有致。

（一）中学信息技术课程教学的内容要求

中学信息技术课程教学的内容要求包括以下方面：

1. 教学中理论与实践相结合

中学信息技术课是一门知识性与技能性相结合的基础工具性学科，其任务是向学生传授计算机和网络的基础知识、基本原理，训练学生形成操作计算机、使用网络的基本技能，使学生具有现代人的素质。所以它既不是一门单纯的文化基础课，也不是一门单纯的劳动技术性课程，而是认知与操作技能有机结合的课程。它要求学生在初步学会有关知识的基础上进行操作，逐步形成操作技能，并能够主动地利用信息技术和信息资源解决实际问题。在信息社会，传统的死记硬背知识已不能适应"知识爆炸"的现实，所以教学中理论与实践必须相结合。

2. 传授知识与发展能力相结合

知识是人们对客观事物认识的总和，是对客观事物的现象与本质的反映。能力是人们顺利完成某种活动的本领，属于个人的心理状态或心理特征。知识与能力既有区别，又是相互联系、相互制约的。知识是后天获得的，而能力与先天因素、后天环境、教育等因素有关。知识的获得是无止境的，发展相对要快些；能力的发展是有限度的，发展相对要慢些。不能机械地用掌握知识的多少来衡量能力的大小或发展的程度。其联系表现在，能力通常是在掌握知识的过程中逐步形成与发展的。已经形成的能力，又影响着掌握知识的速度、深度与广度。换言之，掌握知识是发展能力的条件与基础，能力又是掌握知识的前提与结果。传授知识与发展能力相结合是辩证唯物主义的教学原则。这一结合有利于增长知识、发展能力，这是教学与发展、知识与智力对立统一规律的反映，也是当代科学技术的迅速发展、信息技术教学改革的迫切需要。

在中学信息技术教学中，按照传授知识与发展能力相结合的要求进行教学应注意以下方面：一是要重视基本技能的训练。学会使用与学习和实际生活直接相关的工具和软件。二是就传授知识与发展能力的共性而论，要重视对学生进行学习目的性的教育，激发其学习兴趣，使他们努力学好基础知识，掌握好基本技能。改进教学方法和教学组织形式，是达到传授知识与发展能力的关键；注意知识的相互渗透和综合运用，是达到传授知识与发展能力的重要措施；提高教师的文化、业务水平是达到传授知识与发展能力的重要条件。三是在教学活动中，知识与能力之间，既存在先后有序、各有侧重的一面，也存在相互影响、彼此联系、互相促进的一面。在中学信息技术教学中，应将传授知识与发展能力构成一个统一体，力求达到同步发展。例如，在学习操作系统之前，先讲解文件和文件夹（目录）的组织结构，这是给学生传授知识，还没有成为能力。要求学生利用文件和文件夹的组织结构使用操作系统处理信息才转化成为学生的能力，并且促进对文件和文件夹的组织结构的理解记忆，使学生更全面、更准确地理解所学知识，培养学生分析问题、解决问题的能力。

3. 教学的严谨性与量力性相结合

严谨性是信息技术学科的基本特征之一，它要求教学内容的叙述必须精练准确，体系安排严格、周密，上机操作准确无误。教学的量力性，就是量力而行，要求教学内容可被学生接受，要求对计算机科学的严谨性有一个逐步适应逐步提高的过程，教学中对量力性的要求既不可忽视也不可迁就。例如，学生在开始学习本门课程时先学会基本使用及操作，在适当阶段后，对计算机应用有了一定的提高，再讲述其原理。在信息技术课程教学中，主要是通过以下的各项要求达到严谨性与量力性相结合：

（1）教学要求应恰当、明确。妥善处理好计算机科学体系与作为初中教育科目的信息技术学科体系之间的关系。制定大纲、编写教材和教学参考书以及确定教学内容都必须是科学的。

（2）教学中要逻辑严谨、思路清晰、语言准确。这就是说，在讲解计算机和网络知识时，注意培养逻辑思维，注意正确使用计算机科学的术语，注意使术语联系事物，注意理解联系感知。只有通过教师耐心启发、详细讲解，同时通过学生自己反复练习后才能逐步掌握。

（3）教学中要注意由浅入深、由易到难、由已知到未知、由具体到抽象、由特殊到一般地讲解计算机及网络知识，要善于激发学生的求知欲，但所涉及的问题不宜太难，不能让学生望而生畏，这样才能取得好的教学效果。总而言之，在强调严谨性时，不可忽视学生的可接受性；在强调量力性时，又不可忽视内容的科学性。只有将两者有机地结合起来，才能提高教学质量。

（二）中学信息技术课程的学习内容分类

1. 广义的知识分类

知识是主体通过与其环境相互作用而获得的、储备在长时记忆中的关于各种事物的特征与关系，以及个体自身如何完成各项任务和解决各种问题的信息及组织。知识是人脑中的一种内部状态，是通过主体与客体相互作用而建构的，储存在长时记忆中的信息及其组织。广义的知识分类如下：

（1）陈述性知识。陈述性知识，也叫"描述性知识"，它是说明事物、情况是"怎样的"，是对事实、定义、规则、关系、原理等的说明。陈述性知识要求的心理过程主要是记忆。陈述性知识的获得是指新知识进入原有的命题网络，与原有知识形成联系。在信息技术课程中，陈述性知识包括：知识的基本概念；数据管理技术的基本概念；信息技术的发展历史；计算机网络的分类；声音、图形、图像、动画、视频的格式；常见的信息收集渠道和信息收集方法有哪些等内容。陈述性知识容易被人意识到，学生可以明确地说出来。

（2）程序性知识。程序性知识是关于怎样完成某项活动的知识，是一套办事的操作步骤，是关于"怎么办"的知识。根据不同的标准，程序性知识可分为不同的类型。就使用的范围而言，有一般领域与特殊领域的程序性知识；就自动化的程度而言，有自动化的与可控的程序性知识。有些程序性知识可普遍适用于各种领域，而与任一特殊领域并不是有紧密联系，故称"一般领域"的程序性知识。这类程序性知识在人的记忆中表征为一般领域的产生式系统，即通常所说的一般方法或一般途径，如撰写工作计划的方法、人际交往的原则等。

在信息技术课程中，使用文字处理、图表处理等工具软件进行信息的加工；如何通过网络搜索引擎获取信息；运用常用的数据筛选、排序及统计的方法进行具体操作；运用自然语言、流程图、伪代码等方法表示算法；怎样确定一个问题的算法，进行推理、决策或者解决某类问题等内容属于此类知识。程序性知识体现在实际活动中，学生是否具备了程序性知识只有通过个体的活动过程才能判断。

在信息技术课程中，陈述性知识与程序性知识是相互联系、相互支持的。陈述性知识常常可以为执行某个实际操作程序提供必要的信息资料和背景知识。例如，信息的搜索渠道和收集方式可以为实际的信息收集活动提供必要的背景知识；关于算法和程序结构的知识可以为学生通过编程解决问题提供必要的知识基础。而反过来，程序性知识的掌握也会促进对相关陈述性知识的深化。

2. 学习内容的分析法

（1）归类分析法。归类分析主要用于对各种言语信息的分类。在确定分类的标准后，把要实现教学目标所需学习的知识归纳成若干方面，从而确定教学内容的范围。此方法适合对具有包含关系的知识的学习进行分类，也可在对知识进行归纳、梳理时使用。

（2）层级分析法。层级分析法是利用教学目标的层级关系对教学内容进行分析的一种方法，它揭示了为达到教学目标，必须学习哪些知识和技能。它主要用于分析从属技能（"从属技能"是指学生为了有效地达到教学目标而必须掌握的那部分技能）。

（3）信息加工分析法。信息加工分析法是对学生学习后的终点行为——教学目标进行分析，以揭示顺利完成该目标所具有的外显和内隐的过程。在信息技术课程中，算法的表示过程、采用全文搜索引擎进行信息资源搜索的过程等需要将内隐的知识外显出来，这类内容在教学时可以采用信息加工分析法进行分析。

（4）程序分析法。程序分析用来确定同动作技能目标有关的从属技能。在对心理动作目标的各组成部分进行说明时，可以提出以下问题。"当完成这一步动作时，学生必须具体做些什么"这一问题的答案可以说明，学生要完成第一步动作，实际上涉及了若干项具体活动，它们合在一起，代表对第一步动作进行了程序分析。

（三） 中学信息技术课程教学的内容选择

选择合理的教学内容是备好课的前提，对中学信息技术课程教学内容的选择存在一个评价的过程，教师需要考虑以下问题：一是教学内容的不确定性与可选择性：多媒体的加工与表达内容多，知识点浅显，哪些需要讲，哪些不需要讲。二是新课程实施中呈现出来的教学内容（教材）与课时数的矛盾，如本例中教学内容多，课时数有限。三是课标与教材的关系：课标要求的新理念和教材之间是否能统一。四是多媒体信息的知识点处理，除必修模块外，还作为选修的内容单独存在，今后的选修课要如何进行。五是教材中的信息哪些是学生已知的，哪些是学生未知的。因此，根据具体情况选择教学内容是非常必要的。所选择的教学内容要有助于落实课程标准，切合学生需要，并使学生的信息素养有所加强。

中学信息技术课程教学内容的选择要依据知识的特点、教材的编写意图、完成教学任务需要的时间和学生的实际情况等因素来决定。在选择一节课的教学内容时，要具体情况具体对待，以能顺利完成一节课的教学任务和所授知识有利于学生理解和掌握为准，既不要多选也不要少选，多选了不利于学生理解和掌握所学知识，少选了会造成课堂教学松散，浪费课堂教学时间。教学内容的选择一般从单元层次开始。单元作为一门课程内容的划分单位，一般包括一项相对完整的教学任务。单元的选择与设计通常涉及三个基本方面：范围、重点和序列。范围主要是确定内容覆盖的广度和深度。一般在决定单元范围时，要从课程的连续性以及社会和学生的需要出发，确定单元内容中各种事实、概念的相对重要性，从而选取难度适当的核心内容。重点是确定内容中的关键部分。特别地，教学参考书上的课时内容安排一般都是比较紧的，它是在理想的教学情况下确定的课时安排。根据学生的不同情况，教参上的课时内容有的安排得过松，有的安排得过紧，在备课时一般都要对其进行适当调整，有时一个单元需要放宽一两个课时，甚至在教学顺序上，可以压缩一两个课时。另外，在选择中学信息技术课程教学内容时，要防止遗漏教学重点和要点，尽可能多地收集与课程目标有关的内容资料。

（四） 中学信息技术课程教学的内容确定

中学信息技术课程的教学内容是要传授给学生具体的信息技术知识和技能。从总体上而言，教学内容是根据教学目标来确定的，因此，选择教学内容，需要全面考虑教育的性质、任务和培养目标；经济和社会发展的需要；科学技术的进步；信息技术学科的特点和计算机的发展水平；中学生知识、能力的发展水平等多方面的因素。在内容选编上，突出应用知识，符合中学信息技术的教学规律，并使讲授和上机操作能做到既协调又灵活。总而言之，教学内容的选取应考虑信息社会对大众的基本要求，既要符合中学教育规律又要体现时代特征，以基础知识、基本操作和应用为主。中学信息技术课程的教学内容确定应当遵循以下原则：

第一，符合教学目标。中学信息技术课程的教学目标，集中反映了现代社会的经济建设、社会发展以及科技进步对课程的客观要求，也考虑到当前社会主义现代化建设和未来的需要。为了提高全民族的素质，我们应该培养有理想、有道德、有文化、有纪律的适应新世纪社会需要的具有创新精神和实践能力的新型人才。换言之，在全面贯彻教育方针、全面提高教育质量的过程中，中学信息技术教学必须把反映现代信息技术的基础知识和基本技能作为教学内容，这是现代信息社会对中学信息技术教学的要求，也是当前教育改革与发展的需要。

第二，符合信息技术发展的需要。中学信息技术教学从教学内容来看发生了很大的变化，教材几乎年年都要更新，尽管如此，还是跟不上信息技术的发展。从一开始的单一程序设计教学，逐渐转向以应用软件教学为主。随着多媒体技术和网络技术的兴起，又从传授计算机基础知识转到利用计算机和网络作为工具，以帮助学生更好地自主学习和探讨，使教学内容逐步跟上信息技术的发展。

第三，符合基础性原则。基础性原则就是所选择的教学内容，应该是信息社会中每一个人适应日常社会生活、参加生产和进一步学习所必需的最基本的知识。基础性原则有助于学校信息技术课程内容适应时代的需要。事实上，当今信息技术课程尽管已发展成为一门知识性与技能性相结合的基础工具课程，内容有所改变，但基本内容还是相对稳定的。基本知识学好了，就能在此基础上学习较为高深的知识和新知识，也有利于将知识转化为能力，实现学习的正迁移。

第四，符合可接受性原则。可接受性原则就是所选择的教学内容，必须难易适中，符合学生的年龄特点、接受水平和认识能力。中学生的主要特点是：生理发育逐渐成熟，精力充沛，有很强的求知欲望，思维已从具体的形象思维进入抽象的逻辑思维。换言之，中学生正是立思想、长知识、逐渐形成世界观和人生观的关键时期。中学信息技术课程内容的广度、深度和体系必须适合学生的年龄和生理特点，做到既不要超过学生可接受的程度，又能促进学生智力和能力的发展。

信息技术课程内容编排要由浅入深、循序渐进，学生的接受水平是一个极为复杂的问题，不仅与学生自身的状况有关，而且涉及教师的教学、教科书对教学内容的处理、家庭和社会的条件等多方面因素。对学生的接受水平估计不足，选择的教学内容过少或过于简单，就会影响学生能力的发展；反之，若所选择的内容要求过高，学生难以理解掌握，也会影响教学效果。因此，根据可接受性原则，所选择的教学内容，既要保证绝大多数学生能理解接受，又要着眼于发展，要求教学内容有一定的深度和广度，使每个学生得到最大限度的发展。

第五，符合衔接性原则。信息技术课程应根据各学段学生的特点分层次、有侧重地进行选择。在目前情况下各学年段的信息技术教材内容可以有所重复。国家规定的各年段零起点教学也是信息技术教育起步阶段所必需的。今后，会随着教学的发展做相应的变化。但现阶段教学中教师仍应根据学校和学生的实际情况注意初中、高中之间教学内容的衔接，采取必要的教学组织形式，尽量避免重复。例如，可以采取分组教学，打破班级界限，以学生已掌握程度进行重新组合。中学信息技术课程各部分内容也必须相互衔接，体现出初中阶段的侧重点，使学生能在初中阶段尽可能多地接受新思想、新方法、新技术，并在综合思维能力、综合表述能力及综合设计能力等方面均有所提高。

衔接性原则还体现在计算机科学与其他学科的横向衔接上。信息技术学科教学要用到语文、数学、外语、物理等知识。例如，汉字输入要有良好的汉语拼音基础；计算机中信息用二进制表示，涉及数学知识；屏幕信息和软件菜单需要英语知识；计算机中信息用二进制表示是利用物理器件"导通"与"截止"的两种稳定状态等。因此，中学信息技术课程内容的选择要与语文、数学、外语、物理等课程协调一致。

综上所述，确定教学内容的各个原则是相互联系的，在具体选择中学信息技术课程教学内容时，必须把这些原则有机地结合起来。

（五）中学信息技术课程教学的内容安排

中学信息技术课程教学的内容安排，应该遵循四项具体原则：一是要注意信息技术的知识结构，加强教材的系统性；二是要注意由浅入深、由易到难、循序渐进，符合学生的认知规律；三是要处理好信息技术各部分内容之间的联系；四是要照顾到初中、高中的分段以及同其他学科的相互配合。

下面以计算机系统的硬件和软件教学内容安排为例，对上述原则做一下简单分析。计算机系统的硬件和软件以往在内容安排上都放在教材开始，先讲信息与信息处理、计算机的发展与应用及计算机的特点，接着讲计算机系统的硬件和软件，这种编排方式，在理论上比较严谨，但这部分内容知识点、概念、术语多，难理解，又不能上机操作验证，且在初中阶段又不可能详细、系统地讲授，特别是在学生对计算机一无所知的情况下难教难学，一直未能取得令人满意的教学效果。

中学信息技术课程教学的内容安排要遵循学生的认知规律，采用学生所乐于接受的方式，使学生不但知其然，还要知其所以然。按照先学会应用然后再掌握基本原理的顺序来安排教学内容，即先是信息技术简介，再是操作系统简介，然后是文字处理、数据处理、网络基础及应用、多媒体制作。使学生先具有了获取信息、传输信息、处理信息和应用信息技术手段的能力，即知其然。然后再介绍用计算机获取信息、传输信息、处理信息和应用信息技术的基本原理，即知其所以然。这样安排教学，不仅有利于学生接受，而且不会削弱其逻辑思维能力的培养。

（六）中学信息技术课程教学的内容特点

选择了恰当的教学内容，就要确定教学内容的类型，因为不同类型的教学内容需运用不同的内容分析方法，与此同时，在教学过程中运用不同的教学策略，所以在确定单元目标前，需对教学内容的类别和性质做出基本判断，分析学习者必须学习哪些具体的知识与技能，这些知识与技能之间存在哪些联系等问题。中学信息技术学科教学内容具有其自身的特点，除了包括不具有严谨结构的信息技术基础知识和常识，更多的是一些技能操作性的知识，还包括信息安全意识和信息道德等情感类教学内容。因此，中学信息技术课程的教学内容可以分为认知类教学内容、技能类教学内容、情感态度类教学内容，其特点分别如下。

1. 信息技术认知类教学内容特点

（1）抽象性特点。信息技术基础知识中的有些概念非常抽象，不易理解。例如"信息是什么"，这个问题看似简单，但实际并非如此。所谓"此信息非彼信息"，学生往往容易把这个"信息"和现实中所谓的"信息"混淆，究其原因，是这个概念太抽象了，学生关于这个概念的直接体验尚不够丰富。尽管"信息"应用十分广泛，各个行业、各个领域的专家从自己关心的角度给出一些能够理解的概念，但是到目前为止，还没有一个统一的权威性的明确定义。学生通过学习也许不能用科学的名词来叙述它的概念，但是应该能够理解什么是信息。"计算机文件"的概念也是如此，这个"文件"学生似乎总觉得把握不住。类似的知识点在基础知识中不止这些。例如，"软件""程序"，在学生没有时间编程或看到程序代码之前，他对这些概括的描述是很难理解的。换言之就是"太抽象"了，因为这些概念不像硬件，看得见、摸得着，是有形的，而是看不见、摸不着、无形的。

（2）知识涵盖丰富。基本知识虽然只包含信息、计算机两方面最基本的概念、原理，但仔细分析起来，所包含的知识面是很广、内涵是相当丰富的。信息部分有信息的概念、信息处理的过程、现代信息的革命、信息安全等方面的知识，这些知识实际也是现在信息专业学生正在学习的内容；计算机方面介绍了整个计算机系统的各个部分，从硬件到软件都涉及了，而且还有计算机工作原理，初看很简单，但实际这些知识已经覆盖了大学计算机课程的很多知识，知识在描述上加以简化、分析时加以淡化了。要让学生真正掌握并能应用这些知识，不讲究点方式、方法，显然不会有好的教学效果。

2. 信息技术技能类教学内容特点

（1）实践性强。信息技术技能类教学内容偏多，如开、关计算机操作，Windows 基本操作（程序启动、"我的电脑""资源管理器"使用等），键盘的操作，Word 文字处理软件的操作，Excel 表格处理软件的操作，PowerPoint 幻灯片软件的操作等，这些都需要学生通过上机实践才能掌握，这个内容特点是其他学科所没有的，这就需要我们用有别于其他学科的教学方法来实施教学。

（2）任务化难。"任务驱动"的教学方法目前在信息技术学科教学中得到很多教学专家和众多一线教师的青睐，并且在实际教学中得到了广泛的应用。按照前面所述"实践性"特点，似乎这部分的教学比较容易用"任务驱动"的教学方法来实施教学。但实际情况是，由于很多技能性知识基础性的特点，仅依据某个或某几个操作知识无法形成完整、对学生有吸引力的"任务"，也缺乏趣味性。

（3）内化难。内化难指的是学生虽然可以在模仿层面上迅速掌握技能类内容，但要真正掌握这些技能，并能在今后的信息处理中熟练地加以应用，甚至内化为如"读、写、算"这样的基本能力，还需要教师和学生经过不断的努力才能达到。如果按照一般的"讲解→演示→练习"这样的教学方法，要想达到预期的目标，这个过程可能会延续得比较长。但如果教师能结合实际，合理地分割这些技能性知识，并在此基础上设计趣味性较强的任务来驱动学生进行探索，这个过程就会缩短很多。

3. 信息技术情感类教学内容特点

新课程对信息技术情感态度价值观的解释是：体验信息技术蕴含的文化内涵，激发和保持对信息技术的求知欲，形成积极主动地学习和使用信息技术、参与信息活动的态度；能辩证地认识信息技术对社会发展、科技进步和日常生活学习的影响；能理解和遵守与信息活动相关的伦理道德与法律法规，负责任、安全、健康地使用信息技术。信息技术情感类教学内容则具有以下特点：

（1）隐性化。由于信息技术操作性极强，教师在选择教学内容时很容易突出以信息技术的应用为主，处处体现信息的获取、加工、运用，很容易忽视教材中的情感教学内容，而情感类教学内容往往隐含在技术类和基础知识教学内容之中。因此，情感态度类教学内容应注重在其他教学内容中进行渗透。例如，在教授多媒体作品加工一节时，可以让学生制作"保护青蛙的公益广告""介绍我的家乡"等，这些内容从不同程度体现了环保教育和热爱家乡的良好道德情操。又如，教授信息技术第一课信息及其特征时，可以用生动的例子，让学生切身理解信息具有的各种特征和在信息社会怎样把握信息的特征，从而让信息更好地为我们服务。

（2）内化难。情感类教学内容很难内化为学生主动的行为，需要学生在实际生活中的亲身体验，教师应注重对学生情感态度的科学引导，引导学生"怎样做"比告诉他们"不该做"更重要，可以通过正面的实际案例引导学生知道什么是对的以及该如何做，也可以利用反面的案例警示学生，或收集一些有争议的真实案例，组织学生观察、讨论、分析、理解，引导学生内化相关的道德规范。学生健康的情感态度的培养不是在课堂上教出来的，而应在日常生活中逐渐培养出来，应该让学生学以致用，在平时的学习生活中充分使用信息技术，在使用工具的过程中掌握信息技术，体会到信息技术这一高科技给工作、学习和生活带来的便利，从而在以后的工作学习中自觉地养成使用信息技术的习惯。

（七）中学信息技术课程教学内容的重点

中学信息技术课程教学内容的重点可以从宏观和微观两方面来考虑，从宏观上看，教学重点是指在整个课程当中，那些非常重要、必须让学生掌握的教学内容。对于重点内容分配的课时要多，非重点内容分配的课时相对要少一些。中学信息技术课的教学重点是信息技术的基础知识和基本技能，只是比小学信息技术课要求高，而程序设计部分，是给学习能力强的学生扩展知识用的，不是教学重点，所以讲授时所用课时不宜过多。在微观上，教学重点是指每节课要求学生掌握的最主要内容（一般均为教学目标）。每节课的重点，要根据本节内容在整个教材中的地位来确定。比如计算机的一些基本概念的形成和规定；命令、语句的基本格式与用法；软件的操作技能和使用技巧；程序设计的基本思想；基本算法的理解和解决问题的步骤等，都可以确定为所在节、课的重点。

中学信息技术课程教学重点的确定，还与教师的教学经验和对教学大纲、教材的理解与掌握程度有关。对教学大纲掌握得好，对教材理解得透，重点就抓得准。在信息技术课中，讲授语句和命令时，其使用格式是重点。例如，高中信息技术课中"循环结构程序"一节，循环语句的使用格式就是重点；另外，循环语句的执行过程也是这一节的重点。

总而言之，只有抓准重点才能突出重点，从而使课堂教学层次清晰、主次分明。设计课时应围绕重点处理和组织教学内容，选择教学策略；在时间分配上，应予以保证。重点知识的巩固、练习也应加强。

（八）中学信息技术课程教学内容的难点

中学信息技术课程教学内容的难点是指教学中应该达到但又有一定难度的教学目标和内容，即指教材中教师难以处理、学生难以接受和掌握的部分。难点是因人而异的，难点未必就是重点。难点一般是由于学生原有的知识水平、能力水平和新知识要求之间的矛盾造成的。教师业务水平、教学能力和实验设备条件等也会造成一些难点。

中学信息技术课程教学内容难点也可以从宏观和微观两个层面来考虑：从宏观上看，教学内容难点主要是在整个教材中学生难以理解、难以把握的部分。中学生逻辑思维能力和分析综合能力有了一定的发展，但还不成熟，有时意志力不强，这就决定了他们在接收信息技术课中一些抽象程度较高、知识性较强且难以理解的教学内容时有一定难度。例如，程序设计等内容。从微观上看，教学内容难点主要是每节课中学生难以掌握的内容。这就要求教师在上每一节课之前，对教学内容进行认真分析，找出这节课的教学难点。例如，在讲 Windows 操作系统时，教学内容难点主要体现在三方面：一是新概念新方法，如目录结构、菜单命令等；二是难以理解的抽象内容，如绝对路径和相对路径；三是错综复杂、难以分清的内容，如菜单命令及其执行方式。中学信息技术课程教学中的难点往往是学生基础比较薄弱又难以理解或掌握的内容，往往需要花费较多的时间或考虑采用较为特殊的教学策略。教学的重点则是指对于应用环境下学生必须掌握的重要内容，往往需要花费较多的时间。同样的教学内容，受不同的教学环境及不同的学生特征影响，教学的重点、难点也就有所差异。学生是课程学习的主体，教学重点尤其是教学难点是针对学生的学习而言的。因此，要了解学生原有知识技能的状况，了解他们的兴趣、需要、认知特点、学习方法和学习习惯。要确定教学难点，就要明确学生学习难点形成的原因，一般形成学习难点的原因如下：

第一，对于概括程度较高的内容，学生如果缺乏相应的感性认识，将难以开展抽象思维活动，不能较快或较好地理解，如信息及信息技术的概念，学生如果缺乏相应的经验与认识，很难对其理解。

第二，在学习新概念、新技能时，缺少相应的知识技能基础或掌握不牢固，会使学生陷入认知困境。例如，若学生在学习多媒体制作之前，对文本、声音等信息处理的技能不熟练，会严重影响学习效果。

第三，已有知识对新知识的负迁移作用压倒了正迁移作用，即已有的知识对新知识的学习起干扰作用，比如在学习利用 Photoshop 软件绘制图形时，学生先前所学的画图软件操作如曲线绘制、不分图层的编辑等技能就会干扰新技能的学习。

第四，综合性较强、时空跨越较大、变化较为复杂的内容，学生一时难以接受和理解，往往需要花费较多时间学习，因此这类内容在教材处理和教学方法选择上都是难点。

在分析信息技术课程教学内容难点时，除分析一般难点之外，还要注意学生之间的个别差异。不同学生在接收同一知识时所感到的难易程度可能有所不同，这就需要教师尽量照顾到每一个学生学习的难点，做到因人而异。在设计课时，要根据以往教学经验和教与学的实际，正确地估计难点，并设法在教学中化解难点。解决难点的根本办法就是"对症下药"，针对学生学习感到困难的原因，采取相应的措施加以突破。例如，学生初次接触文件、目录、索引等概念，感觉比较抽象，难以理解和掌握，这时应从具体例子入手，用打比方、图示等直观手段帮助学生形成概念。又如，有些命令的用法很灵活，格式多变，学生一时难以全面掌握，这时宜采用归纳法，即先从易到难举例讲解各种具体用法，最后再总结出一般格式，使难点化整为零，各个击破。另外，学生上机容易出错的地方往往是一些容易被忽视的细节，在讲授有关内容时应注意规范、严格，容易出错的地方要提醒学生注意。

二、小学信息技术课程教学的内容

小学信息技术课程的内容通常会根据学校、地区和国家的教育标准而有所不同，以下是常见的教学内容，适用于大多数小学信息技术课程。

（一）小学信息技术课程中计算机基础知识教学

在小学阶段，学生通常会接触计算机并开始了解计算机的基本概念和功能。首先，计算机的基本组成部分和功能是小学信息技术课程的核心之一。学生将学习计算机由中央处理器（CPU）、内存、硬盘驱动器、显示器等组成，以及每个组件的基本功能。学生将了解CPU是计算机的大脑，内存用于存储数据和程序，硬盘驱动器用于永久存储文件，显示器用于显示信息等。这个基本理解将帮助学生更好地使用和维护计算机。其次，小学信息技术课程也包括操作系统的基本概念。学生将学习什么是操作系统以及它的作用。操作系统是计算机的核心软件，它管理硬件资源，允许用户运行应用程序，并提供用户界面。了解操作系统有助于学生更好地使用计算机。例如，学生将学会如何启动计算机、打开应用程序、创建文件夹等。再次，小学信息技术课程还涵盖了输入设备和输出设备的使用和理解。学生将学习各种输入设备，如键盘和鼠标，以及如何使用它们与计算机进行交互。学生还会了解输出设备，如打印机和显示器，以及这些设备如何向用户呈现信息。最后，文件和文件夹的管理也是小学信息技术课程的一个重要方面。学生将学习如何在计算机上创建、重命名、复制、移动和删除文件与文件夹。学生将明白文件和文件夹的组织结构，以及如何有效地管理自己的数字内容。

（二）小学信息技术课程中键盘和鼠标技能教学

在当今数字化社会中，键盘和鼠标是最常用的计算机输入设备，因此教授学生如何熟练使用它们至关重要。首先，小学信息技术课程着重教授学生键盘打字技能。这是一个基本而关键的技能，其不仅有助于提高学生的文字输入速度，还有助于学生更有效地进行文字处理和其他与文本相关的任务。学生将学习如何正确地放置手指在键盘上，并使用十个手指来输入文本。学生将练习在键盘上轻松自如地键入字母、数字和标点符号。课程还教授基本的快捷键，如复制、粘贴、剪切和撤销等，以提高学生在文档编辑和其他应用程序中的效率。其次，鼠标技能也是信息技术课程中的一个重要部分。学生将学习如何使用鼠标进行不同类型的操作。这包括单击，用于选择对象或执行某些命令；双击，用于打开文件和文件夹；右键单击，用于访问上下文菜单，以及拖放，用于移动文件或元素。了解这些鼠标技巧不仅可以帮助学生在计算机上更轻松地进行各种任务，还可以提高操作效率。通过掌握键盘和鼠标技能，学生将能够更自信地与计算机进行互动，从而为学生在学业和日常生活中更好地利用数字工具打下坚实的基础。这些技能不仅有助于学生在学校中更好地完成任务，还为将来的职业发展奠定了重要的基础，因为数字素养和办公技能在各种行业和职位中都变得越来越重要。

（三）小学信息技术课程中网络安全和数字素养教学

小学信息技术课程的一个重要领域是网络安全和数字素养教学。在今天的数字世界中，了解如何在互联网上安全而明智地操作是至关重要的，特别是对于小学生。首先，小学信息技术课程将帮助学生学习安全使用互联网的基本原则，包括保护个人信息和密码的重要性。了解到不应该轻易分享自己的姓名、地址、电话号码或其他敏感信息，因为这些信息可能被不法分子滥用。此外，学生还将学会如何创建和维护强密码，以保护自己的在线账户免受入侵。其次，小学信息技术课程将教导学生如何辨别和应对网络上的风险。学习如何警惕垃圾邮件（垃圾电子邮件），以及如何辨别电子邮件或链接中的可疑内容。此外，了解恶意软件（如病毒和恶意代码）的危害，以及如何防范和清除这些威胁。最后，小学信息技术课程还要培养学生的数字素养，包括评估信息的可信度和有效搜索技能。学生将学习如何判断在线信息的来源是否可信，如何验证数据的准确性，以及如何辨别假新闻和误导性信息。学生还将培养有效的在线搜索技能，以便更好地找到学生所需的信息，并提高信息的检索质量。

（四）小学信息技术课程中基本办公应用程序教学

小学信息技术课程通常会进行基本办公应用程序的教学，这些应用程序在日常学习和职业生涯中都将起到至关重要的作用，因此，学生学习如何使用它们是非常有益的。

第一，小学信息技术课程重点介绍文字处理软件的基本操作。学生将学习如何使用文字处理软件（如 Microsoft Word 或 Google Docs）来输入文本、编辑文本、格式化文本和保存文件。学生将掌握基本的文本编辑技巧，如文本加粗、斜体、下画线、调整字体和大小等。这对于学生来说非常有用，因为学生可以将这些技能应用于写作作业、报告和其他文本相关的任务。

第二，小学信息技术课程还包括电子表格软件的基本操作。学生将学会如何使用电子表格软件（如 Microsoft Excel 或 Google Sheets）来创建简单的数据表格和计算。学生将了解如何输入数据、调整单元格格式、编写基本公式以进行简单的数学计算，以及创建图表来可视化数据。这些技能对于数学、科学和其他学科的学习都非常有帮助。

第三，小学信息技术课程还将介绍幻灯片演示软件的基本操作。学生将学习如何使用幻灯片软件（如 Microsoft PowerPoint 或 Google Slides）创建演示文稿。学生将了解如何添加文本、图片、图形和动画效果，以制作吸引人的演示文稿。这对于展示学生的项目和观点非常有用，同时也有助于培养学生的沟通技能。通过掌握这些基本办公应用程序的操作技能，学生将能够更有效地应对学业任务和日常工作。小学信息技术课程中的基本办公应用程序教学为学生提供了有关文字处理、电子表格和幻灯片演示软件的重要技能和知识，为学生未来的学习和职业生涯打下坚实的基础。

（五）小学信息技术课程中基本的编程概念教学

在数字时代，理解编程概念变得越来越重要，因为计算机科学和编程成为不仅是职业领域，还是解决问题和创造的重要工具。

第一，小学信息技术课程会介绍编程的基本概念。学生将了解何为算法、循环和条件语句。算法是解决问题的步骤和规则，它们是编程的基础，用于指导计算机执行特定任务。循环是一种控制结构，允许在不同条件下多次执行相同的操作，这对于处理重复性任务非常有用。条件语句允许程序根据特定条件选择不同的操作，这是使程序根据输入和情况做出决策的关键要素。了解这些基本概念有助于学生开始理解和编写简单的计算机程序。

第二，小学信息技术课程将引导学生使用编程工具或编程语言进行基本编程练习。这可能包括使用编程软件或在线平台，其中学生可以通过拖放、拖动和点击来构建简单的程序。这些练习通常涉及解决小问题、创建简单的游戏或模拟等，从而帮助学生将编程概念应用到实际情境中。这种亲身实践有助于加深学生对编程的理解，并培养学生的计算思维和解决问题的能力。

（六）小学信息技术课程中数字媒体和多媒体应用教学

在当今数字化时代，数字媒体的重要性愈加显著，因此学生学习如何创建和编辑数字图片、音频和视频对于培养创造力和传达信息至关重要。

第一，小学信息技术课程将引导学生探索数字图片的创作和编辑。比如学习如何使用图形设计工具，包括 Adobe Photoshop 或在线平台，创建各种类型的图像。这可能包括绘画、插图、图标制作，以及对照片进行编辑和增强。学生将掌握图像的基本编辑技巧，如调整亮度、对比度、颜色平衡和裁剪，以提高图像的视觉吸引力。

第二，小学信息技术课程将涵盖音频的创作和编辑。学生将了解如何录制声音、音效和音乐，并使用音频编辑工具，如 Audacity 来编辑和改进录音。学生将掌握音频编辑的基本原则，如剪辑、混音、添加效果和降噪。这些技能可用于创建播客、音乐片段和其他声音项目。

第三，小学信息技术课程还将介绍视频的制作和编辑。学生将学习如何拍摄、剪辑和编辑短视频。学生将了解如何使用视频编辑软件，如 iMovie 或 Windows Movie Maker，来组织素材、添加文本、音乐和过渡效果，以创建有趣和吸引人的视频内容。这不仅有助于培养学生的创造力，还可以提高学生传达信息的能力。

（七）小学信息技术课程中互联网使用和搜索技能教学

在数字时代，学会如何有效地使用互联网和搜索引擎是非常重要的，因为它可以帮助学生获取信息、扩展知识，并解决问题。

第一，小学信息技术课程将着重教授学生如何使用搜索引擎进行有效的信息检索。搜索引擎是访问互联网上无限资源的主要工具之一，因此学生需要了解如何使用它们来寻找自己需要的信息，学会如何提供关键词和短语以开始搜索，如何过滤和排序搜索结果，以及如何识别可信的来源。此外，学生还将了解如何使用高级搜索技巧，如引号、减号等，以提高搜索效率和精确度。

第二，小学信息技术课程将帮助学生理解网页布局和导航。学生将学习如何浏览网页，包括如何滚动、点击链接、使用导航菜单和按钮，以查看网页的不同部分。他们将了解网页的基本结构，如标题、文本、图片、链接和侧边栏，以及如何识别主要内容和广告等。这有助于他们更好地理解和评估网页上的信息质量。

第二节 中小学信息技术课程的教学方法

一、中学信息技术课程的教学方法

教学方法从实质上而言，应当是一种运动着的并具有某种规定性的活动模式，它规定人们按一定的行为模式去活动。"信息技术教学方法，是指为培养学生信息素养、完成教学任务而采取的教与学相互作用的活动方式的总称。"[①] 中学信息技术课程的教学方法非常重要，直接影响学生在数字时代的技术素养、创新思维和问题解决能力的发展。

(一) 中学信息技术课程中常用教学方法

中学信息技术学科是基础教育领域中最年轻、发展最快的学科之一，信息技术课程中常用的教学方法包括以下方面。

1. 中学信息技术课程中的讲授法

中学信息技术课程中的讲授法是教师通过语言向学生描述情境、叙述事实、解释概念、论证原理和阐明规律的一种教学方法。这种方法适用于讲授陈述性知识和程序性知识，有助于系统知识和技能的传授，适用于班级组织教学。但如果整个课堂都用讲授法，就是以教师为中心，由教师控制的课堂，不利于学生主动学习。所以使用讲授法传授知识、技能的同时，应注意师生互动，避免使学生成为被动学习的机器。例如，可设计一些活动吸引学生参与到教学中来，或设计一些问题让学生探讨。可通过简化的合作学习技巧达到师生或生生互动。对于讲授法，如果应用得好的话，仍然是一个有效的方法。

2. 中学信息技术课程中的演示法

中学信息技术课程中的演示法是教师展示各种直观教具、实物或进行示范性实验与操作，使学生通过观察获得感性认识的教学方法。演示法大体可分为四种：一是图片、挂

---

① 王佑镁. 小学信息技术教学设计 [M]. 北京：高等教育出版社，2015：111.

图、示教板的演示；二是实物和模型的演示；三是幻灯、录音录像、多媒体课件的演示；四是信息技术实验或操作的演示。这四种方法各有特点，应根据教学要求和实际条件合理选用。

演示法的运用中，需要注意四个方面：一是要有明确的演示目的，要注意演示的时机、方式，并引导学生观察现象，要及时讲解与总结。二是由于教学信息的流向主要是单向的，教师应在适当的时候，通过提问或组织讨论，促进教学信息双向流动，及时调整教学。三是要求教师事先熟练掌握有关的操作，并结合课件的内容事先备好课。对于何时应用课件演示，何时针对演示加以讲解、提问或组织讨论，何时让学生根据已学规律提出各种参数来观察和验证，如何从不同的侧面引导学生进行观察等，都要仔细安排。四是对于那些可以培养学生动手能力、观察能力及其他能力的易于实现的实验或实物演示，一般不宜用演示式的计算机辅助教学方式替代。

3. 中学信息技术课程中的任务驱动教学法

中学信息技术课程中的任务驱动教学法是一种建立在建构主义教学理论基础上的教学方法，符合探究式教学模式，是区别于以往的教学方法，属于启发式、探究式的学习，适用于培养学生的自学能力和相对独立地分析问题、解决问题的能力，有助于激发学生的学习兴趣，强化学生在学习过程中的主体意识。

运用任务驱动法进行教学，任务的设计是关键，任务能否驱动教学又是衡量任务设计成功与否的关键。教师要巧妙地设计教学任务，用任务贯穿教学内容。设计任务时要灵活创新，要贴近学生的学习和生活，难度适宜；要有趣味性，要能最大限度地发挥学生的主动性和创造性，让学生在完成任务的同时，既掌握本学科的知识目标，又能潜移默化地培养各种能力，从而达到很好的教学效果。

任务驱动法继承了传统教学方法的很多优点，充分吸收了温故而知新、因材施教、学以致用等教育教学思想，比较适用于信息技术课程的教学。但任务驱动教学法存在着不可忽视的弱点，如非线性的教学内容组织方式，较难兼顾知识的系统性，容易造成教学内容简单重复等。

4. 中学信息技术课程中的讨论法

中学信息技术课程中的讨论法是指学生在教师指导下围绕某一主题各抒己见、相互启发，通过讨论、争论或辩论，以解决问题、提高认识、获得知识和技能的教学方法。讨论形式主要有全班共同讨论与小组协作讨论两种。在讨论法的应用中，要注意围绕主题展开讨论，避免漫无边际的讨论而浪费时间；注意指导技巧：要注意对各种意见和观点进行比较分析，得出科学结论；要充分利用网络讨论工具和研究工具，改革讨论形式，拓展讨论的时空。

在讨论中教师要认真倾听、分析研究发言中的实质，把讨论引向深入。同时，教师要尊重和理解学生，正确处理讨论中的争论，随时捕捉学生的闪光点，及时给予表扬和鼓励，使学生获得满足感和成就感，促使学生的情感和价值观得到升华。

应用讨论法时，不断变化的讨论节奏和多样性的讨论方式方法是讨论成功的关键所在。讨论法的优点是：能促进学生养成思考问题的习惯，对待同一个问题从不同的视角展开不同方面的讨论，使问题得到解决，同时激发智慧的火花，共享他人的思想和方法，促进学生的发展和成长。但也存在不足，如把握不好容易使讨论偏离主题或流于形式。

5. 中学信息技术课程中的自学辅导法

中学信息技术课程中的自学辅导法是指学习者自主确定学习目标，自选教材，自主调控学习进程，以自我为主评价学习结果，在学习中主动寻求教师、同学或其他人帮助的一种教学方法。该法能较好地体现人本主义、建构主义思想，能最大限度地激发学生的自主意识，培养自学能力和创新精神。不仅信息技术的有关理论内容可以自学，软件、硬件的操作使用等实践内容同样可以自学。还可把计算机、网络作为自主认知工具、信息加工工具和研究工具，提高其他学科课程的学习效果。中学信息技术课程中自学辅导法的应用要注意以下方面：一是相信并激发学生的自学潜力；二是为学生的自学创设良好的信息环境及其他条件；三是重视同学之间的协作与互助；四是及时给予必要的指导和辅导；五是注意自学任务的布置、自学过程的检查与自学效果的评价。

6. 中学信息技术课程中的练习法

中学信息技术课程中的练习法是指学生根据教师的指导，通过课内或课外作业，有意识地反复完成某一操作或思维活动，借以巩固知识、形成技能技巧的方法。信息技术教学中的练习按形式分，有口头练习、书面练习、上机练习；按特点分，有模仿性练习、应用性练习和创造性练习等多种。学生对信息技术知识与技能的掌握，必须通过练习和体验。在应用练习法时应注意以下方面：一是要有明确的练习目的与具体要求；二是要有详细的练习计划与操练步骤；三是要有适当的练习量与练习难度；四是要有科学的练习时间与练习方法；五是要有良好的练习态度和练习习惯；六是要及时进行练习检查和练习评价；七是要注意多种练习方式及与其他学习方法的有机结合。

(二) 中学信息技术课程中新型教学方法

在中学信息技术课程教学中，学生的学习形式多样化，他们可以应用多媒体技术、网络技术和通信技术等进行学习，使得教师需要灵活应用教学方法，以有效开展教学活动。所以要学习和掌握多种教学方法，特别是信息化的教学方法。

1. 中学信息技术课程中的资源型教学法

中学信息技术课程中的资源型教学法是指以各种教学材料为教学资源，学生在教师的指导下，通过对各种学习资源特别是网络信息资源的探索、比较、分析、归纳、创造，掌握知识与技能的教学方法。基于网络的资源型教学方法具有以下作用和特点：一是让学生在无限的点击中探索信息；二是让学生在非线性的超链接浏览中思考问题；三是培养学生收集与整理事实、材料的能力；四是培养学生在浩如烟海的信息中的鉴别、筛选、判断、决策能力；五是培养学生独立分析和解决问题的能力；六是培养学生的资源共享意识与协作学习意识；七是培养学生基于全球资源学习的开阔视野。

在资源型教学法的运用中应注意以下方面：一是给学生提出明确的学习主题与学习要求；二是给学生提供资源探索工具与主体资源索引；三是指导学生阅读、操作与分析资源，及时答疑；四是鼓励学生制作电子读书卡，撰写多媒体学习报告或研究报告；五是鼓励学生展示、评议与共享学习成果。

2. 中学信息技术课程中的研究型教学法

中学信息技术课程中的研究型教学法是指学生在教师的指导下，利用信息技术从自然、社会和生活中选择与确定专题进行研究，并在研究中主动获取与应用知识和技能，解决问题，培养创新精神和科研素质的教学方法。与研究型教学法相近的还有探究型教学法、发现型教学法等。研究型教学法注重学生的学习过程与实践体验，注重知识创新与问题求解。其应用过程一般为：研究准备—研究实施—研究总结。

（1）研究准备。学生方面，包括知识与情感准备、选择课题、提出假设、制订方案、寻求伙伴等研究活动准备；教师方面，包括教学设计准备、软硬件工具与信息资源准备、问题准备等。

（2）研究实施。学生方面，包括社会调查、实验分析、数据记录、事实验证、资料整理、协作讨论等活动；教师方面，包括过程跟踪、小组协调、答疑解惑、参与讨论、检查督促、支持激励等工作。

（3）研究总结。学生方面，包括成果总结、报告撰写、作品展示、相互评议、反思修改等活动；教师方面，包括展示评议、组织讨论、提供场所、成果推广、拓展延伸等工作。

基于网络的研究型教学法具有以下新特点：一是网上储存着丰富的研究资源；二是能

提供和使用多种高效的研究工具；三是能开展多种研究协作与讨论；四是能提高研究成果的展示、交流与共享效果；五是有助于进行开放性研究；六是具有较大的灵活性、适用性。

在具体的研究性教学中，应该注意使教学内容问题化、教学过程探究化、探究方式数字化、学习成果创新化。

3. 中学信息技术课程中的创作型教学法

中学信息技术课程中的创作型教学法是指学生在教师的指导下，将信息技术作为一种电子作品创作工具，围绕某一主题展开创作活动，要综合运用所学知识和技能，培养创新素质的教学方法。创作型教学法的基本应用流程是：教师启发，提出目标—学生学习范例，明确思路—学生收集素材，自主创作—电子作品展示与评价。

应用创作型教学法时，可以将创作型教学课分为两个螺旋递进阶段。一是基本知识学习阶段，环节包括：①教师提出模仿性任务，给出样板；②学生分析、讨论任务，发现新问题；③教师提出新问题的求解思路；④学生上机操作，完成任务；⑤教师对学生任务的完成情况进行现场检查与指导。二是电子作品设计创作阶段，环节包括：①学生进一步分析、明确创作任务；②学生浏览教师提供的作品范例及自己找到的优秀作品，开阔思路；③学生设计自己的电子作品；④学生从多种途径搜索素材资料；⑤学生制作自己的电子作品；⑥教师在学生创作的全过程中给予适当的指导，但不能代劳；⑦集体展示、评议与修改学生的电子作品。

4. 中学信息技术课程中的协作型教学法

中学信息技术课程中的协作型教学法是指在教师的指导下，采取小组协作或其他自由协作方式，围绕信息技术教学中的某一主题或任务，进行交互、讨论、协商、辩论、竞争、角色扮演等学习活动，在交流、合作与竞争中培养团队精神、协作意识，掌握信息技术知识与技能的教学方法。与协作型教学法含义相近的还有小组学习法、合作学习法等。基于网络的协作型教学法，具体有以下两种应用方式。

（1）班级协作型教学法，其基本应用流程是：①教师提出合作学习目标（或任务）；②学生组成合作学习小组，并进行任务分工；③学生在教师指导下熟悉网络上合作学习环境；④各小组学生开展协作学习活动，如协商方案、讨论问题、角色扮演、相互评议等；⑤小组学生合作完成学习任务，制作电子报告；⑥学习成果在全班展示、评议，教师总结。

（2）远程自由协作型教学法，其基本应用流程是：①教师提出合作学习任务；②学生主动寻找网上学习伙伴；③学习伙伴围绕共同的主题在网上协作区（如 BBS、网上论坛、虚拟社区、网上聊天室等）进行讨论、交流。讨论过程可以在网上公开，以吸引其他网友参加；④进行阶段性学习总结；⑤展示与评议学习成果。

5. 中学信息技术课程中的虚拟型教学法

中学信息技术课程中的虚拟型教学法是指学生在教师提供或自主建立的虚拟学习环境中，从电子教师或教学代理的讲授、辅导及自主操练中学习知识与技能的教学方法。基于多媒体课件与网络课程的自学中，常采用这种方法。此外，还可开展虚拟实验研究与技能训练性学习。在虚拟型教学法的运用中，教师要加强引导，要注意将现实教学时空与虚拟教学时空融合起来，以提高教学效果。

6. 中学信息技术课程中的游戏型教学法

中学信息技术课程中的游戏型教学法是指通过建立有竞争性和趣味性的教学环境，让学生在游戏活动中学习知识与技能的教学方法。例如，可以利用计算机网络开展"生态与环境"游戏、虚拟社区管理游戏活动，让学生在玩中获得生态、环境、社会、管理方面的知识。又如，在教小学生学鼠标的基本操作（指向、单击、拖动、释放）时，甚至可以利用 Windows 附件中的"纸牌"游戏来开展。

7. 中学信息技术课程中的活动型教学法

中学信息技术课程中的活动型教学法是指学生在教师的指导下，围绕某一信息技术学习主题（任务）开展自主实践活动，获得直接经验，培养独立分析、解决问题的能力和操作技能的教学方法。活动型教学法主要有两种运用形式：一是综合实践活动教学法。活动型教学法的运用中，强调活动内容的综合性、活动形式的实践性，强调信息技术与活动课的整合。二是课外信息技术主题活动教学法。活动型教学法的运用中，强调在课外以信息技术主题活动的形式进行自主探索，以补充、延伸课内学习成果。基于信息技术的活动型教学，应注意以下方面：

（1）利用信息技术做好活动准备，包括帮助学生创设信息化的活动环境，使学生学会使用数字化的活动工具，指导学生制定基于信息技术运用的活动方案。

（2）利用信息技术展开活动过程。要利用信息技术提高活动的趣味性、交互性，拓展活动的时间和空间。要通过电子作品创作、网络交互与通信、虚拟社区角色扮演等活动，培养学生的数字化学习与生存能力。在活动中，要注意培养学生的自主意识、合作意识、实践意识、创新意识和发现问题、分析问题、解决问题的能力。

（3）利用信息技术，进行活动总结与成果展示。例如，可以利用自制的网站或多媒体报告进行宣传、展示，还可以利用电子邮件、在线调查、BBS 等渠道对活动进行评价并获得反馈意见。

8. 中学信息技术课程中的主题教学法

主题教学法不仅可以作为组合教材的一种方式，也可以作为实施教学、改革课堂的一把钥匙。用此方法来帮助学生开展学习，可整合多学科领域，引导学生探究式、合作式学习。基于网络环境下的主题教学法的环节如下。

（1）设置情境。设置情境的主要作用是使学生了解知识主题的必要性，激发学生的学习兴趣，产生完成主题的动机。例如，在学习 Windows 画图程序时，主题为荷塘月色，将朱自清的荷塘月色散文利用信息技术创设情境，制作荷塘月色课程，使学生进入一种音诗画的美妙境地，受到高雅情操的熏陶，将学生引入要研究的主题之中，激发学生研究主题的积极性。

（2）提出主题。提出主题的主要作用是使学生明确自己将要在哪些主题范围内、何种框架下进行学习或研究。

（3）完成主题。完成主题是主题化互联网教学的重要过程，主要包括五个步骤：①初步获取信息；②加工处理信息；③形成初步学习成果与体会；④对学习成果进一步研讨；⑤完善、修正研究成果。这五个步骤在教学活动中是不断重复和穿插进行的，不断得到新信息，不断研讨、完善、修改形成观点和成果。

（4）成果的展示与交流。学生通过获取信息、处理信息、修改观点，完成阶段性的成果，但这并不是主题化教学的结束，学生还应该学会展示、推销自己的成果。

落实主题教学法的内容和主题教学法的环节是非常重要的，教师必须收集相关资源，并花心思创意教学流程。主题越具有意义，越深入或精致地处理，越能植入情景脉络，越根植于文化、背景、认知以及个人的知识中，学生越容易学习、记忆和生成。主题教学法要求教师将整个单元的内容、计划、目的、学习时间以及将要进行的主要活动通盘考虑，全面规划。围绕主题教学，关注学生发展，为师生间和谐发展、共同成长提供条件；关注学生个体差异，为学生提供积极主动的活动保证，促进课堂多向、多种类型信息的交流和反馈。

9. 中学信息技术课程中的支架式教学法

中学信息技术课程中的支架式教学法是建构主义教学模式下开发出的比较成熟的一种教学方法，是一种帮助学习者掌握知识或者完成在初始阶段超出其能力范围的任务的方法。支架式教学法应当为学习者对知识的理解建构一种概念框架。这种框架中的概念是为发展学习者对问题的进一步理解所需要的。为此，事先要把复杂的学习任务加以分解，以便于将学习者的理解逐步引向深入。

支架式教学法是以"最近发展区"理论为依据的。"最近发展区"理论认为，在测定儿童智力发展时，应至少确定儿童的两种发展水平：一是儿童现有的发展水平；二是潜在的发展水平，这两种发展水平之间的区域称为"最近发展区"。教学应从儿童潜在的发展水平开始，不断创造新的"最近发展区"。支架式教学中的"支架"应根据学生的"最近发展区"来建立，通过支架作用不停地将学生的智力从一个水平引导到另一个更高的水平。

支架式教学法由以下环节组成：一是搭脚手架。围绕当前学习主题，按"最近发展区"的要求建立概念框架。二是进入情境。将学生引入一定的问题情境。三是独立探索。让学生独立探索。探索内容包括确定与给定概念有关的各种属性，并将各种属性按其重要性大小顺序排列。探索开始时要先由教师启发引导，然后让学生自己去分析；探索过程中教师要适时提示，帮助学生沿概念框架逐步攀升。四是协作学习。进行小组协商、讨论。讨论的结果有可能使原来确定的、与当前所学概念有关的属性增加或减少，各种属性的排列次序也可能有所调整，并使原来多种意见相互矛盾，且态度纷呈的复杂局面逐渐变得明朗、一致起来。在共享集体思维成果的基础上达到对当前所学概念比较全面、正确的理解，即最终完成对所学知识的意义建构。五是效果评价。对学习效果的评价包括学生对个人的自我评价和学习小组对个人的学习评价，评价内容包括：①自主学习能力；②对小组协作学习所做出的贡献；③是否完成对所学知识的意义建构。

除了上面的教学方法外，还有许多的教学方法，如发现法、基于项目的学习等。由于每种教学方法都有其优点和缺点，所以，教学中要结合实际发挥它们的优势，促进教学效果的提高。教学方法是在教学理论和教学实践中形成的，所以需要教师的不断实践和探究，从而形成自己的教学风格。

（三）中学信息技术课程教学方法的选择

在中学信息技术课程教学中，科学地运用教学方法的实质是在最短的时间，最大限度地发挥学生的智慧，达到教学的高效率、高质量。教师应根据学科特点，结合不同阶段的具体教学任务和要求，针对所解决问题的矛盾特殊性，选择和运用有效的教学方法。"教学有法，教无定法"，任何试图将教学方法公式化、模式化、绝对化，以一种教学方法作为唯一永恒不变的教学方法的倾向都是难以成功的。中学信息技术课程教学，应根据实际需要与可能，注意灵活选用恰当的教学方法，以便相互配合，采用符合自己实际的教学方法。在选择教学方法时，通常依据以下方面，再综合考虑各种各样的因素，从中找出一个平衡点，进而选定教学方法。

第一，依据教学目标和任务。教学目标是课堂教学的方向，所用教学方法必须保证教学目标的实现。不同的教学目标和教学任务，需要不同的教学方法去实现和完成。因此，每堂课都要选择与教学目标相适应的能够实现教学目标的教学方法。将每节课的教学目标分解成若干个单一的子目标，根据子目标，确定以一种教学方法为基础，有机地配合运用其他方法。

第二，依据教学内容。学生的学习就是将教学内容内化为学生认识结果的过程，学习必须借助于一定的教学方法。因此，教学方法应尽可能考虑教材的特点，使教学内容的处理通过教学方法体现出来，通过教学方法改变教学内容的难度，以适应学生的实际水平，实现教学内容与方法的最佳结合。

第三，依据学生的实际情况。在选择教学方法时，不仅应考虑到学生的年龄特征，还应考虑到班级学生的具体状况，如学生的思考习惯、性格特点、学习动机和态度、知识和能力的水平等。教学方法要促进学生学习方法的改进，并适应更好的学习方法的要求。

第四，依据教师本身的条件。教师是教学方法的使用者。教师对各种教学形式的理解程度、经验积累的程度、知识和能力的水平以及教学思想都不同程度地影响着教学方法的选择和使用。教师应该根据自己的条件，扬长避短，发挥个人的优势，采取与自己条件相适应的教学方法。

第五，依据学校的环境和条件。良好的外部条件可以通过一定的方式促进教学过程的优化。例如，现代化的教学设备、必要的规章制度、科学的管理思想等都会对教学方法有好的影响。

第六，教学时间和效率的要求。教学要求以最少的时间取得最佳效果，因此力求选择经济有效的方法。合适的教学方法，应该在规定的教学时间内完成教学任务，实现教学目标，并能使教师教得轻松，学生学得愉快。

二、小学信息技术课程的教学方法

随着科学技术的不断发展，教育的方法和模式也在日新月异、与时俱进。近年来，教师的教学、学生的学习都离不开信息技术的运用。在小学信息技术课程教学当中，多媒体等现代化教学设备的运用，给教师的教学带来了极大的便利，同样也给学生带来了学习上的极大便利。学生在课堂学习和日常生活中，通过对信息技术的使用，不仅方便了生活，提高了生活品质，同时也使小学生的学习效率提高，帮助小学生更好地学习。小学信息技术课程的教学方法如下。

（一）加强练习，帮助学生掌握计算机操作方法

小学是学生最重要的学习阶段之一，学生在之后的学习生活中，能否适应学校的学习生活，养成良好的学习习惯，完全取决于学生在小学阶段打下的基础怎样。学生在小学学习之前未接受正式的学科教育，学习的方法和学习的习惯几乎一片空白，为了使学生能够融入学校的学习生活当中，就需要我们教师去引导。现在的教学生活中，教师要运用现代化信息技术手段，使自己的教学更加现代化，也更加符合时代的要求。为了使学生能够适应这一变化，"信息技术"这门学科就这样出现了。在这门学科的学习中，实践是极其重要的，所以就需要学生在日常多操作，才能融会贯通，与学科教学高度融合。例如，在带领学生学习"初识 Word"内容的时候，由于这是学生第一次学习计算机方面的专业知识，所以教学的节奏比较缓慢。现阶段的学生比之前的学生要优秀很多，因为他们接触网络较早，对互联网比较熟悉，所以现阶段的小学生对信息技术这门学科的学习比较迅速。Word文档这个软件内容比较复杂，对学生的现阶段学习虽然无太大用处，但是对后续的学习能发挥很大的作用，需要学生去记忆。由于学生学习起来有一定的难度，所以需要平时多加练习，在实际运用中学会操作。

（二）改变学生学习方法，增强信息技术学习主动性

互联网信息技术最重要的一个特点就是它的"开放性"。互联网因其开放性，对人们产生了无穷的吸引力，从而也帮助人们加速学习，让学生的学习方式和学习途径更加多样化和现代化。新时代的教学理论中，培养和训练学生的综合运用能力是现代教学的基本要求。信息技术这门学科是以实践操作为基础的学科，所以在学生学习这门学科的过程当中，就不能够再运用之前的一些学习方法了。在学习这门学科时，教师要注重培养学生对计算机的兴趣，只有提高了对于这门学科的学习兴趣，学生才会更快地掌握这门学科。同时，这门学科的学习不仅需要学生在课堂上学习，课下练习也是必不可少的。教师要在日常教学过程当中，给学生布置适当的作业，并监督学生积极完成作业。学习不仅需要教师的引导，更需要学生的主动。例如，在带领学生学习"Excel 表格"内容时，可以告诉学生，在以后的学习生活当中使用最多的应该是 Excel 表格，其使用的频繁程度甚至超过Word 文档这一软件。Excel 表格这一软件能够很好地帮助学生统计数据、记录文件之类的内容，能够帮助学生在生活当中完美地融入学习，让学生利用 Excel 表格这一软件帮助自己学习，使自己在学习生活当中，更好地融入现代化的教师授课模式当中，使自己的发展

更加符合现代化的教学要求。

(三) 教给学生计算机使用的小技巧，帮助快速学习

小学信息技术课程的学习虽然只是计算机的一些简单操作，但是对小学阶段的学生而言已经够用了，况且学生在小学阶段用到的机会也不多。在学生学习信息技术这门学科时，学生可以迅速掌握计算机的使用技巧，帮助学生之后的学习或者生活，使学生的学习更加符合现代化要求。信息技术这门学科在课堂上帮助学生去学习计算机的基础操作，学习一些办公软件的使用，帮助学生在之后的学习生活当中适应教师的讲课需求。例如，在带领学生学习"体验网络世界"内容时，教师在教过学生计算机的基本使用方法之后，可以让学生自己打开百度，搜索自己想问的一个问题，让学生亲身体验上网的乐趣，在无形之中使学生熟悉了计算机的使用技巧，帮助学生快速学会使用计算机和互联网，也让学生的学习生活更加融入现代化课堂当中，使学生逐步拥有现代化学习的核心素养。

总而言之，在信息技术融入生活各个方面的时代，教师要想更好地完成教学，只有使自己的课堂教学模式符合时代的要求，从而更加快速便捷地去教学，使自己的教学更加现代化。在学生的学习当中，为了使学生能够更好地面向现代化学习和现代化的生活，教师不应轻视信息技术这门课程，应更好地完成这门课程的教学，帮助学生更好地适应现代化课堂的听课要求，使学生能够熟练地掌握计算机的基础使用，帮助学生完成学习任务。

第三节　中小学信息技术课程的教学策略

一、中学信息技术课程的教学策略

(一) 中学信息技术课程教学策略的主要特点

教学策略是指在整个教学过程中，为完成特定的目标，依据教学的主、客观条件，特别是学生的实际，对所选用的教学顺序、教学活动程序、教学组织形式、教学方法和教学媒体等的总体考虑。策略选择，是指在主、客观条件可能与可行的前提下，尽力在更广泛的有关教与学策略中，找到科学、更具有实效的教学策略。策略监控，是指在教学过程中，教师与学生应随时注重策略运用的效益、缺漏等，使策略过程与认知过程同步，即在注意知识教学的同时，也要注意对教学策略的监视与控制。那就需要在教学过程中，对所

选用的教学策略中出现的不协调，及时给予相应的调整、补充以至创新等。

"策略"是为了实现某一个目标的方案集合，是在教学目标确定以后，根据已定的教学条件和学生特征，合理选择相关学与教的资源、编排教学内容及其顺序、选择合适的教学组织形式、教学方法和教学活动程序等，形成具有效率意义的特定解决方案。中学信息技术课程教学策略的特点包括以下方面：一是综合性特点。选择或制定教学策略必须对教学内容、目标组织形式、方法、媒体等要素加以综合考虑。二是可操作性特点。在教学中参照执行或操作的方案，有着明确具体的内容和要求，在教学实践中具有实用性和可操作性。三是针对性特点。针对教学目标而精心制定的，离开具体教学目标，教学策略就失去了其应有的意义。四是灵活性特点。没有任何单一的策略能适用于所有的情况，教师应该把握其基本特点并根据实际需要灵活运用。中学信息技术课程教学策略是在现代教学理论指导下，对完成中学信息技术课程教学目标而采用的教学方法、教学媒体与资源、教学活动程序及教学过程等的总体考虑。

（二）中学信息技术课程教学策略的类型划分

由于教学观念、目标、环境等的差异，教师在选择中学信息技术课程教学策略时会有不同的倾向性，按照教师对学生的指导程度不同，教学策略可分为以下类型。

1. 生成性的教学策略

生成性教学认为学习是知识意义的自主生成过程，这一过程的基本特征是学生自己从各种特殊事例归纳生成知识意义，学生学习的主要任务不是接受和记忆现成的知识，而是参与知识的探索和发现过程。

（1）发现学习策略。让学生通过对具体事例的归纳来获得一般法则，并用来解决新的问题。该策略在关注学生对基本概念和原理的提取、应用的同时，也关注学生在发现过程中的思维策略及探究能力和内在动机的发展，有利于培养学生的探索能力和学习兴趣，也有利于知识的保持和应用。

（2）基于 Web 的研究性学习策略。研究性学习认为在教学中可以模拟科学家解决问题的过程，使学生获得在真实生活情境中创新性地发现问题、解决问题的能力。在研究性学习的各个阶段，均可借助信息网络平台，由于 Web 不受时空限制的特点，使得学生和指导者的范围不再局限于同一个班级或同一个学校，拓展了交流空间。

（3）尝试教学策略。尝试教学认为学生能尝试，尝试能成功，成功能创新。尝试教学策略一开始就要求学生进行尝试练习，把学生推到主动的地位。尝试练习中遇到困难，学生便会主动地收集信息或寻求帮助，使学习成为学生自身的需要，取得较好的教学效果。

（4）支架式教学策略。支架式教学策略是教师所能提供给学生、帮助学生提高现有能力的支持形式，如教师一边演示一边讲解任务的操作过程，给予提示、解释揭示或线索，激发学生达到任务所要求的目标的兴趣及指引他们的活动朝向预定目标，帮助学生在遇到困难时找到出路，通过提问帮助他们诊断错误的原因并进行修正等。

（5）抛锚式教学策略。抛锚式教学以真实事例或问题为基础（作为"锚"），故有时也被称为实例式教学或基于现实问题的教学，在该策略中，教师由信息提供者转变为"教练"和学生的"学习伙伴"。例如，需要收集哪一类信息、从何处获得有关的资源及相关专家解决类似问题的策略途径等，然后让学生依据自定的学习任务与计划表，去获取、应用并评价有关的信息资源。

（6）随机进入教学策略。随机进入教学认为学生可以随意通过不同途径、以不同方式进入同样的学习内容，从而获得对同一事物或同一问题的多方面的认识与理解，以便更好地发展和促进学生的理解能力及知识迁移能力。

中学信息技术课程教学中很多综合性技能应用类内容适合采用生成性策略，各个学校应依据学生自身认知能力及环境条件采用不同层次的策略。

2. 替代性的教学策略

替代性的教学策略是指学生通过教师呈现材料并进行讲解来掌握现成知识技能的一种教学策略，这种策略倾向于学生当前所学的全部内容都是以确定的方式由教师传授，学生无须进行任何独立发现，而只需接受。传统的以教师为中心的教学大多属于替代性教学。

（1）先行组织者教学策略。学生学习新知识时就是通过同化和顺应不断调整优化原有认知结构的过程，因此学生的原有认知结构是决定新学习材料是否有意义、是否能够很好地获得并保持的最重要因素，学习材料必须加以组织以便于同化，教师的主要目的是帮助学生掌握材料，直接向学生提供学习的概念和原理。

（2）掌握学习策略。只要用于学习的有效时间足够长，所有的学生都能达到教学目标所规定的掌握标准，因此教师应为学生提供经常、及时的反馈及足够的个别化指导与帮助，给予他们足够的学习时间，让他们都达到目标要求。为了检测目标的达成情况，需要依据目标进行评价。

（3）五段教学策略。五段教学策略的主要步骤是：激发动机—复习旧课—讲授新课—运用巩固—检查效果。五段教学策略的优点是：能使学生在较短时间内掌握较多的系统知识，能体现"教学"作为一种简约的认识过程的特性，所以在实践中长盛不衰，至今仍是学校教育中的主要教学策略之一。五段教学策略的缺点是：学生在这种教学过程中往往处于被动地位，不利于他们发挥学习主动性。"五段教学策略"能否扬长避短，继续在教学领域发挥作用，并不取决于策略本身，而是取决于运用这种策略的教师能否做到两点：一是传递新知识时要与学生原有认知结构建立有意义的联系；二是传递新知识时应激发学生主动地从自身的认知结构中提取出有关的旧知识来同化新知识。

（4）示范模仿教学策略。示范模仿策略是有目的地以指导者的示范技能作为有效的刺激，以引起学生相应的行动，使他们通过有成效的模仿掌握必要的技能。示范模仿策略比较适合初期技能的学习，它能使学生用较少的时间和精力获得所需要的技能，还可使学生明显地看出学习的成功或失败，意识到需要改进及克服的问题等。示范模仿教学策略主要由以下步骤组成：

第一，动作定向。教师向学生阐明需要掌握的行为技能及技能的操作原理，同时向学生演示具体的动作，使学生明确要学会的行为技能的要求。

第二，参与性练习。教师指导学生模仿练习一个个分解的动作，并及时提供反馈信息，消除不正确的动作，强化正确的动作，使学生对所学的动作由不够精确、不够熟练逐渐走向精确、熟练。

第三，自主练习。在自主练习阶段，学生已基本掌握了动作要领，可以将单个的技能结合成整体技能，通过反复练习，使技能更加熟练。

第四，技能的迁移。学生动作技能基本达到自动化的程度，可以不需要思考便能完成行为技能的操作步骤，并且可以把获得的技能与其他技能组合，构成更为综合性的能力。

由于学生的需求不同，教学目标和教学内容不同，不存在适用于一切教学活动的最优教学策略。教学设计者必须掌握一系列适用于不同目标、内容及对象的各种教学策略，才能在教学设计实践中选取并综合运用各种教学策略，创造出最有效的教学环境，取得最佳的教学效果。

（5）情境陶冶教学策略。情境陶冶教学策略指通过创设某种与现实生活类似的情境，让学生在思想高度集中但精神完全放松的情境下进行学习。通过学生与他人的充分交流和合作，提高合作精神和自主能力，以达到陶冶修养和培养人格的目的。情境陶冶教学策略主要由以下步骤组成：

第一，创设情境。教师通过语言描绘、实物演示和音乐渲染等方式或利用教学环境中的有利因素，为学生创设一个生动形象的场景，激起学生的情绪。

第二，自主活动。教师安排学生加入各种游戏、唱歌、听音乐、表演、操作等活动中，使学生在特定的气氛中积极主动地从事各种智力操作，在潜移默化中进行学习。

第三，总结转化。通过教师启发总结，使学生领悟所学内容主题的情感基调，达到情感与理智的统一，并使这些认识和经验转化为指导其思想、行为的准则。

3. 指导性的教学策略

生成性教学策略和替代性教学策略具有显著的区别，是相互对立的两种策略。指导性教学策略综合了两者的优势，能够依据教学内容及学生的不同特征灵活安排教学策略，这种策略也被称为"双主教学"，即以学生为主体，教师为主导。该策略依据任务、环境、学生等不同特征，把生成性策略和替代性策略加以灵活选择和应用，这也是中学信息技术课程教学应采用的主要策略。由于协作学习策略既适合发挥教师主导作用，又适合学生自主探索与自主发现，因而作为指导性策略被广泛应用于中学信息技术课程教学中。

中学信息技术课程教学中的指导性的教学策略应用需要注意：一是每个成员必须认识到工作是大家的责任，任务分配必须考虑每个成员的能力与经验；二是在分组方式上，可采用同质分组，也可把不同能力水平、不同背景、不同性格特点的学生分到一组中，即采用异质分组的方式，小组人数一般不超过6人；三是小组成员要学会为达成小组学习目标发挥自己最大的效能，与其他成员紧密配合，分享学习成果；四是小组成员在态度上要相互尊重，在认知上要集思广益，在情感上要彼此支持，学会与组内成员进行有效的沟通，正确处理小组学习过程中产生的冲突；有明确的小组协作学习评价标准，在协作学习的过程中可时刻参照标准，不断总结调整本人及本小组成员的协作学习行为。

常用的协作学习策略有课堂讨论、角色扮演、竞争、协同和伙伴五种类型，实际教学时往往把各种策略加以综合应用。

（1）课堂讨论。课堂讨论要求整个协作学习过程均由教师组织引导，学习的主题可以是事先确定的，也可以是不确定的。对于确定的学习主题，讨论策略的设计应包括以下内容：①围绕已经确定的主题设计能激发学生兴趣并引发争论的初始问题，在此基础上设计能将讨论一步步引向深入的后续问题；②教师要考虑如何位于学生的"最近发展区"通过提问来引导讨论，切忌代替学生思维；③对学生在讨论过程中的行为表现，教师要适时做出恰如其分的评价。

（2）角色扮演。角色扮演是一种情境模拟活动，可分为师生角色扮演和主题情境角色扮演两大类。师生角色扮演指的是让不同的学生分别扮演学习者和指导者的角色，学习者被要求解答问题或完成任务，而指导者则检查学习者问题解答或任务完成的过程和结果。指导者和学习者的角色可以互换。主题情境角色扮演要求学生按照与当前学习主题密切相关的情境分别扮演其中的不同角色，使学生能身临其境去体验、理解学习内容和主题的要求。

（3）竞争。竞争是指两个或多个学生（小组）针对同一学习内容或情境，进行竞争性学习，看谁首先或较好达到教学目标的要求。中学信息技术课程教学竞争策略的应用可以借助网络学习平台进行，一般由学习系统或指导者先提出一个问题或任务，并提供学生解决问题或完成任务的相关支持信息。

（4）协同。协同指的是多个学生共同完成某个学习任务，在完成任务的过程中，学生发挥各自的认知特点，相互争论、相互帮助、相互提示或进行分工合作。学生在和同伴紧密沟通与协作的过程中逐渐形成对学习内容的理解和领悟。

（5）伙伴。基于 Web 的学习为学生选择学习伙伴提供了便利的条件，他们可以先选择自己需要学习的内容，并通过网络选择正在学习同一内容的学习者，经双方同意结为学习伙伴（也可以和现实生活中的同学结为伙伴，通过 Web 工具建立交流小组）。

中学信息技术课堂中的很多内容都采用指导性策略，可以让他们学得更快，而整个任务的完成采用生成性的策略，让学生成为学习的主体，即单纯知识技能性的内容可采用替代性策略，而策略方法类内容可采用生成性策略。

（三）中学信息技术课程教学情境的创设策略

人类教育的出发点和最终归宿是人类主体性的发展，因此教学应该由传统的以"教"为中心，逐步走向以"学"为中心，将学生放在认知主体的位置上。中学信息技术课程教学策略的设计要以此为指南，定位在设置最适合于学生建构知识的教学情境上。中学信息技术课程教学情境的创设主要指要创造信息化的教学情境。随着计算机技术、多媒体技术、通信技术、网络技术等在教育领域中的广泛运用，应该充分利用这些现代化手段，为学生创造自主发现、自主探索的学习情境。另外，通过现代化教学媒体（幻灯、投影、电视、录像机、计算机等）的合理有效组合，使教学信息的表达更为直观形象、生动逼真，帮助学生充分利用自己的视听感官获得知识，提高教学效果。教学情境的创设还包括创设一个民主平等的学习氛围，让学生轻松愉快地进行自主学习和协作学习。

1. 演示型多媒体教学情境创设

演示型多媒体教学情境是指信息化的课堂教学环境，具备以下功能：一是展示文稿、图片、幻灯片、投影片；二是播放录音、影像资料；三是演示多媒体软件、计算机教学课件及各种计算机光盘；四是调用网络系统中的各种资料。演示型多媒体课堂教学情境具有生动形象、图文并茂的特点，它提供的外部刺激不是单一的，而是多种感官刺激的综合，易于激发学生的学习兴趣，这对于知识的获取和保持，都是非常重要的。不足之处是学生只能被动地接收知识，缺少交互性。

2. 交互式多媒体教学情境创设

交互式多媒体教学情境是一种能够实现师生、生生以及人机之间信息交互的课堂教学情境，通常具备以下功能：一是屏幕及语音广播功能，教师可将教师机屏幕上的画面或声卡的音源实时广播给全体部分或单个学生，利用此功能，教师可以进行示范教学。二是屏幕监看及语音监听，教师可监看任何一位学生屏幕画面及监听其声卡的语音，以观察其学习情况。三是远端遥控，教师可以在教师机上操作任意一台学生机，进行手把手式的教学。若教师在监看过程中发现某些学生未按指定要求操作时，还可以利用教师机强制学生按要求操作。四是分组管理，教师可将学生依实际需要进行编组，分组后可进行讨论，每组学生可以相互交谈，协同完成学习内容，而教师可以随时参与任意一组学生的讨论。五是语音双向对讲，教师和学生、学生和学生之间可以通过耳机、麦克风实现双向对讲。六是电子举手，学生遇到问题，可以利用该功能随时向教师提问，教师立即得知，便可及时提供指导。

3. 共享型多媒体网络教学情境创设

共享型多媒体网络情境是一种新型的信息化教学情境，它以资源共享，对设备集中管理、分散控制为主要设计思想，是集闭路电视技术、电话通信技术、监控技术与多媒体网络技术于一身的，具有双向通信、视频传输遥控等功能的现代化多媒体网络教学系统。该教学情境可使多媒体教学不再受时空的限制，指导教师可在某一地点同时为系统内任一终端用户提供教学指导，不仅适合在学校应用，而且可以普及到广大农村和边远地区。教师可以在线的形式给远程的学生"现场"上课，师生之间可以相互提问、对答和讨论。它突破了传统教育的模式，实现了教育资源的共享。

4. 虚拟现实的教学情境创设

多媒体技术和仿真技术结合可以使置身其中的人产生身临其境的感觉，全身心地投入到当前的虚拟世界中，并且对其真实性不产生怀疑。通常把这种技术称为"虚拟现实"。虚拟是多媒体技术的较高境界，是在控制状态下用仿真技术对"真实现实"的重现，尤其适宜于真实实验无法实现或表现不清楚或因条件限制无法开展的项目，如生物的进化、胚胎发育、微观粒子等均可用声情并茂、动态直观模拟表现，学生进行观察，处理、操作和控制，参与性强。虚拟现实技术须通过一定的辅助设备才能做到，如头盔、彩色显示器、三维立体眼镜、数据手套等。人们将置身于一个虚拟的三维空间，可以伸手触摸"房间里"的物体，可以移动它。总而言之，虚拟技术的发展，将使计算机模拟达到一个全新的水平。

（四）中学信息技术课程教学策略的构建分析

1. 中学信息技术课程教学策略的成分

无论采用哪种类型的教学策略，中学信息技术课程教学活动的过程中有些成分是必不可少的，可以把教学前活动、学生参与、学习内容编排与呈现、评测及巩固迁移作为中学信息技术课程教学策略的五个基本成分。

（1）教学前活动。教学前活动是教师在一个新的教学内容或教学活动开始时，引导学生进入学习的行为方式。通过教学前活动，把学生引导到一个特定的学习方向上来，其目的是引起学生注意，激发学生学习兴趣，引起学习动机，明确学习目标和建立知识间的联系，即让学生进入"我要学"的准备状态。教学前活动的主要内容有以下两方面：

第一，激发学习兴趣，引发学习动机。新内容开始前，教师用贴切而精练的语言正确、巧妙地导入，不仅可以激发学生强烈的求知欲望，引起他们浓厚的兴趣，还能激发学生热烈的情绪，使他们愉快而主动地学习并产生一种坚忍的毅力。在开始正式教学前，必须激发学生的学习动机，让他们明确学习目标并且确保他们具备开始学习所需要的预备知识，让学生明确要学习的内容，对所学内容产生兴趣并且有信心完成该内容的学习。在中学信息技术课程教学中常常采用情境创设的方法调动学生的学习动机（例如，在完成贺卡制作时，教师往往采用与节日相联系的方式创设一个可以应用的情节，让他们产生兴趣），然后提供给学生丰富的范例及任务分解策略，并提供关键内容的针对性讲解或适合他们学习的多媒体材料，让他们对完成任务产生信心。在学生遇到困难时，教师或学习伙伴能提供及时的帮助，让他们通过主动寻求帮助完成任务，获得对自己学习能力的正面评价，对自己的学习过程和结果感到满意，从而维持较强的学习动机。

第二，明确学习目标与学习准备状态。学习开始之前每个学生应了解自己的学习行为及应达到的标准，以便明确学习的方向。教学前目标导入活动的形式有很多，如开门见山、回顾旧知、讲故事、问问题、做实验等，应注意以下问题：①教学前活动的目的性与针对性要强，要有助于学生明确将学的内容、怎么学、为何要学，可以利用的学习资源和策略是什么等；②内容要具有关联性，目标与新内容重点紧密相关，能揭示新旧知识联系的支点；③目标导入要具有直观性和启发性，尽量以生动、具体的事例或实验为基础，引入新知识、新观念，设问或陈述要能激发学生的求知欲；④要具有一定的趣味性，有一定的艺术魅力，即能引人注目、制造悬念。

（2）学生参与。一般而言，学习者参与活动设计的内容包括以下方面。

第一，活动任务和目标的设计。学习活动由一系列为目标达成服务的任务构成。活动任务指为达到既定的学习目标所需要完成的训练内容，学习活动任务的设计必须与教学内容相关，并且明确说明活动任务要达到的目标。高质量的学习活动不但要在新内容与学生原有的知识、技能、生活经验和学习兴趣之间建立联系，还应能使学生获得积极的情感体验，形成正确的情感态度和价值观。

第二，活动方式和操作流程的设计。学习活动必然以一定的方式和步骤来实现。在进行活动方式的选择时应综合考虑教学目标、学习环境条件、学习资源、学生特征等因素。无论采用何种形式的学习活动，在活动的设计及实施过程中，都应注意使不同程度的学生都能体验到学习的成就感，这样有助于他们自主学习能力和创新思维能力的形成和发展。为了使整个学习活动的进程看起来直观、清晰，可采用流程图的方式将各个学习活动在空间和时间上的关系形象、直观地揭示出来。

第三，活动的评价设计。为了对活动的效果及目标达成情况进行监控，提高学习活动的针对性与效率，学习活动的设计必须事先规定评价活动的方法和标准，包括：①明确各子任务或子活动、各阶段活动成果的形式；②规定评价反馈活动的方法与规则；③规定评价结果的反馈机制等。

（3）学习内容编排与呈现。一般而言，学生的学习活动围绕教学目标的达成而展开，而学习内容的编排则围绕学生的学习活动展开。内容呈现的方式可以是教师口语、板书、实际操作演示等，也可以是书面文字，还可以是信息化的资源材料，如图形、声音、动画、视频、多媒体课件、专题网站等。基于信息化的内容呈现逐渐成为中学信息技术课程教学发展的需要，这就要求教师在考虑内容呈现时转变思路，改变单一的知识呈现方式，根据教学条件和学生特征提供灵活的内容呈现策略。

（4）评测。评测是对教学目标编排及执行情况的检查。由于评测的数据较多，这个工作可以交给信息化管理软件或网络平台（如"问卷星"）完成，教师可以借助信息化学习管理系统，采用投票、问卷的方式进行前测，也可安排相应的形成性练习进行后测，还可让学生完成任务后，依据评价量表进行自评或互评。

（5）巩固和迁移。一般而言，教学策略的五个基本成分可通过围绕学习目标及内容等设计相应的学习活动体现，表2-1①就是利用Word制作电子小报的知识技能目标设计的相应学习活动。

① 仝蛙羽. 中学信息技术教学探索与实践 [M]. 长春：吉林人民出版社，2021：124.

表 2-1　利用 Word 制作电子小报学生活动设计

学习目标	学习内容	学生活动	巩固评测及活动意图
	导入	聆听教师的启发式阐述，思考生活中海报或宣传画的制作方式。欣赏他人制作的精美电子小报	激发学生对用 Word 制作电子小报的兴趣
学生能够对电子小报有初步了解	电子小报一般制作过程：确定主题，收集与选择素材，设计版面，制作作品，评价修改。电子板报的结构：报头、报眉、标题、正文、图片、修饰图案	在电子小报中找出电子小报包含的信息元素，明晰电子小报制作的一般流程，充分了解电子小报的构成	建立学习框架，形成知识链接
学生能够了解利用 Word 制作电子小报的注意事项	利用 Word 制作电子小报的注意事项： （1）减少大片文字，版面留出足够的空白； （2）文本框的使用——同一版面中的正文字号、字体变化不要太多。合理使用文本框边框的填充色及线条色； （3）图片除了裁剪和 PS 以外，还可以跨越边角，对版面构图，以增加美感	以小组为单位，讨论这些电子小报存在哪些问题及值得借鉴的地方	前测，入门技能测试，协作交流，意义建构
学生能够依据主题、信息表达的需求设计电子小报的板式、内容、风格	制作电子小报的要点： （1）相信会得多不如用得好； （2）适当地放大图片，呈现更清晰的信息； （3）突破传统，让版面产生变化； （4）勇敢地打破常规，改变思路	欣赏作品《远离网络游戏促进身心健康》《异城风》《爱鸟报》，思考讨论电子小报设计制作规范	产生自主、协作地创作电子小报的热情，明确电子小报的制作要领

学习目标	学习内容	学生活动	巩固评测及活动意图
学生能够用 Word 软件根据已设计的电子小报制作所需的作品	作品应具有思想性。创造性、艺术性，技术性等特征	6 人一小组完成课堂任务（在网络上搜索有关戴望舒的资料，通过合作探究，设计制作电子小报作品）	自主、协作、探究学习

2. 中学信息技术课程教学策略的制定

中学信息技术课程教学策略的制定过程包括：一是明确中学信息技术课程的教学目标、内容和对象；二是依据选择原则，确定选择的标准；三是从有关教育信息网的教学策略库中提取方法、模式和手段，选择、组合、创新所需要的教学策略；四是对所选的教学策略进行初步的尝试性应用，并在实施过程中对教学策略进行完善；五是教学策略方案的实施运用；六是运用教学中的反馈，重新修改完善教学策略。

3. 中学信息技术课程教学策略的设计

从教学活动实施的角度，中学信息技术课程教学策略可分成教学内容的组织策略、教学信息的传递策略、教学活动的管理策略等。

（1）信息技术课组织策略的设计。

第一，先行组织者策略。先行组织者策略的步骤包括：准备预备性材料；设想学习进程；显现预备性材料和新材料；从预备性材料中抽象出新信息；运用活动进行强化。

第二，概念形成策略。先行组织者策略包括选择性策略和接受性策略两种，其实施步骤包括：呈现实例，确认概念，强化练习，发展思维技巧。

第三，认知发展策略。认知发展策略的运用原则为：学生从实践中获得知识；教育活动以学生为中心；教学须是个别化的；社会交往起重要作用。教师以开发者和诊断者、认知冲突的创设者和促进者、社会交往的推动者等身份发挥作用。

（2）信息技术课传递策略的设计。教学媒体是传递教学信息的工具，是教学策略中的一个要素，因此选择教学媒体应服从教学策略制定的依据。根据教学媒体作用于人的感官的不同可将其分为：非投影视觉媒体、投影视觉媒体、听觉媒体、视听觉媒体、综合媒体。教学媒体系统功能的充分发挥是通过多种媒体组合后形成的优化结构来实现的。在进行多种媒体的组合设计时，应该遵循以下原则：

第一，目标性原则。根据教学内容及教学目标的具体要求来确定媒体的组合，是科学地组合媒体的基本依据。过于追求形式上或表面上的多样化而滥用多种媒体，会产生适得其反的效果，如片面追求媒体的多样化，过多使用媒体，会削弱教师的指导作用，减少学生主动思考的过程。

第二，多感官配合原则。心理学认为，单一持续的刺激，会使大脑出现疲劳现象，而多种感官的交替刺激，可充分调动大脑的功能，使之处于兴奋状态，以提高教学效率。

第三，优势互补原则。组合应用的媒体不是单纯形式上的接续或交替，更不是随意的凑合，而应该使各种教学媒体的主要优势都得到充分发挥，只有这样才能产生最佳效果。

第四，简洁实用原则。一般而言，媒体组合不宜过于复杂，而应简洁实用少而精、省时省力，使用方便。

（3）信息技术课管理策略的设计。

第一，教学组织形式的管理策略。一般而言，教学活动中师生之间学生之间的交流存在多种多样的组合方式。

一是集体教学的形式。教师通过自己讲授，把教学内容传递给学生，可以单纯口头讲授，也可借助教学媒体配合使用，其适用情况包括：①导入新课的目标和要求，为学生指明学习方向；②介绍必要的预备技能；③系统讲解课题范围内的观点和材料；④进行课题或单元的复习或小结；⑤邀请优秀教师演讲或放映电影、录像等。

二是个别学习的形式。学生按照自己的进度学习，积极主动地完成并体验到成功的快乐，其适用情况包括：认知领域和动作技能领域的大多数层次的教学目标，如掌握概念和原理、应用信息，形成动作技能和培养解决问题的能力等，都可以通过这种形式来达到。

三是小组教学的形式。给予教师和学生、学生和学生之间面对面密切接触和相互了解的机会，现代教学论越来越重视教学中的这种人际交互作用，它是实现各类教学目标，培养健全人格，促使个体社会化的有效途径，其适用情况包括：①特别有利于情感领域的教学目标的实现，如形成态度、培养鉴赏力、形成合作精神和良好的人际关系；②能够培养认知领域的某些高层次技能（如问题解决和决策）。

在信息技术课的教学实践中要减少教师在集体上课中花费的时间，更多安排个别学习和小组合作学习，使学生能积极、主动地参与到教学过程中来。总而言之，要在适当的时机使用适当的教学组织管理形式。

第二，教学过程的管理策略。教学过程的管理是为了促进师生之间思想与信息的交流，提高教学效果。管理策略主要有：①随机管理策略，多用于技能学习和其他复杂行为的学习中；②自我管理策略，教师可采纳的方法包括示范、督促强化和指导；③行为练习策略，建立一系列模式化的教师行为。

二、小学信息技术课程教学的策略

小学信息技术课程 "是素质教育理念下的重要教学课程，不仅强调专业技能的学习，也关注学生责任意识、合作精神、道德情感等信息素养的培养"①。小学开展信息技术课程教学活动时，应该根据教学实施情况展开深入分析，围绕重视程度、理念、目标和内容、环境、师资等进行研究，同时整合各方资源进行改革和创新，提高信息技术教学质量，培养小学生的信息素养。小学信息技术课程教学的策略如下。

（一）提升小学信息技术课程的重视程度

信息技术课程一般从小学三年级开始设置，但是具体教学中可能出现信息技术课被占用的现象，特别是期中考、期末考前期，数学教师、语文教师会利用信息技术课的时间巩固、总结考试重点、难点。另外，信息技术课的教学质量不高，教学方法和教学手段落后，无法满足新时代信息技术发展需要，学生对课程学习兴趣随之下降，不利于提升教学质量，培养学生信息素养。事实上，信息技术是新兴的学科，对其他学科和学生未来发展有促进作用和积极影响。教育管理部门应该完善信息技术课程教学的制度规定，明确提出课程教学标准，组织学校领导和教师参加信息技术培训和座谈会，制定严格的考核制度，通过强制性政策法规提高学校、教师对信息技术课程教学的重视程度。只有认识到信息技术课程的重要性和时代价值，才能确保信息素养在教学各环节中的落实情况。

（二）转变小学信息技术课程的教学理念

小学信息技术课程的教学宗旨不仅是让学生掌握理论知识和基本技能，还要激发学生信息技术学习兴趣和意识，帮助学生了解信息技术发展历史和时代背景，理解信息技术在生活进步、科学发展方面的深刻作用。因此，小学信息技术教师应该积极转变课程教学理念，认真研读课程标准，充分发挥信息技术课程在立德树人方面的作用，重视培养学生运用信息技术分析和解决问题的能力、质疑能力和理解能力、情感态度；将信息技术作为支持学生终身学习的手段；从知识重心转移到掌握方法、提高创新能力；在实际教学中融入人文、伦理、道德、法制、信息鉴别、网络信息道德规范教育。

（三）明确小学信息技术课程目标和内容

小学信息技术课程目标主要包括：一是掌握信息技术应用环境和信息表现形式；二是

---

① 谢槟. 信息素养视角下小学信息技术课程教学的策略 [J]. 亚太教育, 2022, (20)：58.

对计算机形成感性认知，提高计算机使用兴趣和意识，熟悉信息技术在日常生活中的应用场景，建立技术和生活的联系，培养学生用计算机知识解决生活问题的能力；三是培养团队意识，学会如何通过合作交流的方式应用信息技术，学会如何开发利用既有知识水平和高层次网络资源；四是掌握信息获取、筛选、处理思路和路径，敢于讨论信息技术项目内容，形成自主利用网络资源的意识和习惯，拓展教材知识，发展个人喜好和兴趣；五是提升信息技术软件和系统操作责任感，养成正确使用计算机的习惯和意识；六是在学校基础设备保障充足的前提下，初步掌握计算机程序设计知识。

小学信息技术课程内容应该立足小学生身心发展特点和规律，综合评估不同年级、不同发展阶段的知识经验和情感需要。首先，设置多学科融合内容。重视信息技术与其他学科的整合，培养学生知识内化和迁移的能力。比如在小学数学中，利用信息技术图表处理内容开展大单元教学活动，总结单元重点和难点知识；在小学语文板块，利用信息技术提供学习资料，包括作文素材、阅读材料等；在英语模块中，利用信息技术呈现立体发音舌位图，帮助学生提升口语质量。其次，设置探究学习内容。探究学习主要包括团队探究和自主探究两种形式。学生在实践中会形成团队意识、探索意识、自主学习意识，这些意识形态是信息素养的基础。例如，在每一个单元教学内容完成后，教师针对所学知识设计项目内容，学生可以选择多人完成或者独立完成。最后，设置差异性内容。信息技术课程是一项综合性学科，对学生综合素质有较高要求。但由于学生个体差异明显，课程效果无法统一。故而信息技术课程内容应该满足学生个性化发展需要，增添分层作业内容，学生根据课堂掌握情况、喜爱程度自主选择。

总而言之，小学信息技术课程教学应该考虑当地社会经济发展情况以及教育大环境特点，在统一课程目标和内容基础上，根据学校和学生实际情况，注重校本课程的开发。通过信息技术学习，学生需要具备信息获取、传输、处理、应用能力，在潜移默化中提升信息素养，为后续完成高阶段学习任务、工作、生活奠定基础。

（四）优化小学信息技术课程的教学环境

小学信息技术课程与其他学科不同，对现代化教学条件和设施有较高依赖。学校硬件、软件资源的不足是信息技术课程可持续发展的主要障碍。根据上述调查研究发现，部分小学校园信息化建设不完善，信息技术课程配套设施资金投入较少，基本上只有一间机房，机房电脑数量不够，无法满足班级学生上课需要；而且台式电脑配置差，学校以班级为单位每两周轮流上机，学校均没有建设人工智能教室，甚至一些农村小学无法实现校园网的建设，信息技术课程教学条件亟须改善。在此背景下，学校应该提高信息技术课程建设的资金投入比例，加大校园信息化建设力度；及时添置、维修、养护计算机设备，更新多媒体设备，鼓励有条件的学校配备人工智能教室；合理利用校园资源，科学分配与使用教学场地，将长期不用的区域清理出来建设机房或人工智能教室；拓宽资金渠道，与周边社区合作，为学生提供实践操作最佳场所；争取大型企业赞助，为学生创造良好信息技术学习环境，或者将信息技术硬件、软件设施向学生开放，为学生提供便利。

总而言之，小学应该积极争取国家、社会在普及信息技术课程中的资金帮扶和资源优势，最大化丰富学校基础教育硬件、软件资源，优化信息技术课程教学环境；同时强化课程管理和引导，设置专门机房管理人员和技术人员，负责教学设备维护工作，针对机房管理和维护建立管理制度、奖惩制度和考评制度。

（五）完善小学信息技术课程的教学队伍

师资是课程教学的重要保障，影响小学信息技术课程教学质量的一大因素是教师综合水平不高。一方面，信息技术教师数量严重不足，师生比例失调。当下小学信息技术课程教学队伍主要有两个渠道——其他学科教师兼任或者转行，学历较低，普遍没有接受过系统信息科学教育；学校专职信息技术教师兼职较多，对信息技术教学工作并不上心，严重阻碍学生系统学习信息技术技能。另一方面，信息技术教师缺少完善的培训制度。信息技术教师很少获得深造学习机会，专业素质参差不齐，对前沿的信息技术知识一知半解，很难指导学生完成教学任务。另外，受到传统应试教育理念的影响，信息技术课程难以与数语外等科目相提并论，信息技术教师福利待遇明显低于其他任课教师，所以信息技术教师教学积极性不高。

为提高信息技术课程教学水平，学校应该完善课程教学队伍，壮大课程师资力量。首先，完善师资结构。改善老龄化教师结构，学校大胆起用年轻教师，注重改革创新精神，保证老中青科学搭配年龄结构；增加信息技术教师招聘途径，聘用信息科学专业教师，针对专业高校毕业生进行特招活动，提高信息技术教师素质；重点考查新入职教师信息技术演示、师生互动、项目式教学、活动组织、实践操作等内容，同时进行一对一追踪辅导，实施导师制，安排新教师快速熟悉机房环境和多媒体上课氛围，从而更快承担教学任务。其次，重视考核培训。强化信息技术教师培训学习，提高培训次数，每年保证3次培训机会，同时学校组织培训班、教学评奖等活动，召开技能交流会，保持教师思想先进性，确保学校信息技术课程始终处于最前沿发展阶段；学校在每年教师考核环节增设课程软件、硬件设施利用率的项目，综合评估教师项目教学、演示实验、构建课程资源网的能力。最后，保障合法权益。提高信息技术教师教学地位，确保信息技术教师享有与其他教师同样的权利、薪资待遇，吸引更多专业人才参与课程教学。

（六）创新小学信息技术课程的教学模式

小学信息技术课程教学模式以讲、学、考为主，教学方式无法满足信息技术课程的特点，导致教学氛围枯燥，学生学习方法、情感价值、实践能力都没有得到提升。信息技术是一门新兴学科，教师应该改变传统文化课式的教学方法，创新教学模式。课前环节，利用微视频等手段为学生创造教学背景，让学生感受动态的教学场景；课中环节，借鉴"项目确立—计划拟订—活动探究—作品生成—成果评价"项目式教学法，提高学生探究能力，让学生在实践中掌握基础知识，形成信息素养；课后环节，教师布置分层作业，针对不同层次学生发展需要，设置基础型、拓展型、实践型作业。总而言之，通过教学模式的变革，学生信息意识、计算思维、数字化学习与创新、信息社会责任得到显著提升，同时加深对信息素养的理解。

综上所述，信息技术成为人们日常生活实践中的重要组成部分，也是高素质人才必备的技能之一。教育的本质是立德树人，在确保掌握专业知识的基础上，还要重点强调综合素质的培养。因此，以信息素养为核心开设信息技术课程具有重要意义。小学应该更新教育教学理念，充分理解信息技术课的内涵和核心素养特点，通过提升课程重视程度、转变课程教学理念、明确课程目标和内容、优化课程教学环境、完善课程教学队伍、创新课程教学模式，促进信息技术课程稳定向前发展，为学生后续学习、生活提供便利。

第三章　中小学信息技术课程教学设计与环境

第一节　中小学信息技术课程的教学设计

一、中学信息技术课程的教学设计

随着以多媒体和网络技术为核心的信息技术的发展及其在教育领域的应用，教学设计作为一个重要的研究领域也日益得到重视和关注。

(一) 中学信息技术课程教学设计的特征

教学设计，也称"教学系统设计"，是一门新兴的独立学科，在发展的过程中综合了多种理论和技术的研究成果。结合教学设计的含义以及中学信息技术课程的特点，本书认为：中学信息技术课程教学设计就是运用系统方法，强调以学生为中心，通过教师教学方式和学生学习方式的转变，充分、恰当地利用现代信息技术和信息资源，科学合理地安排信息技术课程教学过程的各个环节和要素，从而达到促进中学生信息素养和综合能力的提高及实现教学过程最优化的目的，创设有效的教与学系统的"过程"或"程序"。通过这个定义，并结合中学信息技术课程的特点和培养目标，我们可以看到，中学信息技术课程的教学设计与传统的教学设计以及其他学科的教学设计相比，具有以下显著的特点：

第一，强调以学习者为中心，注重学习者自主学习能力的培养；教师只是作为学习的促进者，引导、监控和评价学生的学习进程；强调教师教学方式和学生学习方式的转变。在信息技术课程的教学中，教师不再（事实上也是不可能的）维持自己作为"权威"的角色，而是通过帮助学生获得、解释、组织和转换大量的信息来促进学习，以解决实际生活中的问题（跨学科的真实任务）。在这种模式中，学生承担着自我学习的责任，通过协同作业、自主探索的方式进行主动的知识建构，重视自主学习能力的评价。

第二，强调中学信息技术课程教学设计的最终目的是创设有效的教与学的系统，从而促进中学生信息素养和综合能力的提高，设计重点从教学内容设计转向了教学过程设计。在其他学科的信息化教学设计过程中，教学内容分析主要着眼点是本学科的知识体系结构和目标体系结构，设计的重点则在于教师如何利用信息技术引导学生进行本学科知识的学习，最终落脚点是达到学生对本学科知识体系的完整认识，设计重点是教学内容设计，信息技术只是辅助教师教和学生学的一种工具，处于次要的位置。中学信息技术课程的教学设计既要考虑教师如何引导学生认识、了解信息技术是什么，又要考虑如何引导学生利用信息技术去解决学习和生活中的实际问题，即信息技术能做哪些事情。因此，信息技术既是学生认知的对象，也是学生认知的工具，还是学生解决实际问题的工具。

第三，强调要充分利用各种信息资源形成广义的学习环境来支持学生的自主学习。在信息技术课程的教学设计中，教师关注的是信息技术运用方式的变化，技术的关键任务不是以操练的形式来呈现信息（以控制学习），而是提供问题空间和探索问题的工具（以支持学习）。

第四，强调以"任务驱动"和"问题解决"作为学习活动的主线，强调学习任务的复杂性和综合性；在相关的有具体意义的情境中确定和教授学习策略与技能，将信息技术与完成任务有机整合，促进学生高级智慧能力的发展。

第五，强调"协作学习"。"协作学习"不仅指学生之间、师生之间的协作，也包括教师之间的协作。教师按照某种合作形式组织学生进行学习，比如简单的小组或专家组的形式，就是一种很好的协作学习的教学策略。

第六，强调针对学习过程和学习资源的评价，反对将简单的技能与知识的测试作为唯一评价的依据。作为课堂教学的有机组成部分，促进学生发展的课堂教学评价，特别注重教师和学生的积极参与，在教师和学生相互协作的活动中展示评价的矫正、促进和催发的功能。学生成为课堂主体的前提是必须调动学而不厌的主观能动性，使学生有意识、有兴趣、有责任去参与教学活动。评价便是调动学生主体性的有效机制，学生的学习成果只有通过自己的积极努力才能获得。通过教学评价激起学生的主体参与性，让学生在课堂中体验成功的喜悦，获得进取的力量，分享合作的和谐，发现生命的灿烂。强调针对学习过程和学习资源的评价，更新评价观念，实现评价内容和评价方式的多样化、评价主体的多元化，反对将简单的技能与知识的测试作为唯一评价依据，这样更有利于培养学生的应用能力和创新精神。

（二）中学信息技术课堂教学设计的依据

中学信息技术课堂教学设计应在现代教育思想理论的指导下进行，依据课程性质与任务进行系统化的分析与决策。

1. 系统理论与系统方法

系统论认为，世界上一切事物都是一个有机的整体，称为"系统"。学校是教育系统中的一个子系统，教学工作又是学校系统中的子系统，简称"教学系统"。教学系统中的各个要素相互作用、相互依赖、相互制约，构成了教学系统的输入、输出过程，即教学过程。要使系统运行顺利，取得较佳的效果，只能运用系统理论和方法进行指导和控制。系统方法的实施步骤如下：

（1）系统地阐述所要解决问题的背景、目标、约束条件及假设。

（2）收集与问题有关的事实、资料和数据，分析各种可能性，提出可供选择的方案。

（3）比较分析各种方案，设计出最佳方案。

（4）进行方案的实验、评价，分析是否达到预期效果，发现不足及时修改，直到实现理想设计为止。

（5）运用、推广。中学信息技术课堂教学设计在一开始就确定了教学结束的时候，学生要会做什么或能够做什么，使得后期的分析和实施步骤有明确的目的和指向性，这是系统方法在教学设计中应用的典型体现。

2. 现代教学理论

教学理论是研究教学规律的科学。目前对教学设计具有指导意义的代表性教学理论有：赞科夫的发展教学理论、奥苏伯尔的有意义接受学习理论、布鲁姆的教育目标分类理论。对于现代社会中的学习者来说，基本的信息素养包括获取信息、分析信息、加工信息、创新信息、利用信息、协作意识和交流信息的能力。信息能力的培养正是中学信息技术课堂教学的主要任务，在进行中学信息技术课堂教学设计时，应综合利用各种方法和策略，使学生将上述信息的获取、分析、加工、利用等能力，内化为自身的思维习惯和行为方式，从而形成影响学生一生的品质。

（三）中学信息技术课程教学设计的作用

从教学设计的含义可以看出，教学设计既是教育科学体系中属于方法论层面的学科，又是一门应用性很强的桥梁学科。中学信息技术课程教学设计有如下作用：

第一，有利于各种教学理论与信息技术课程教学实践的结合。为了使教学活动高效、有序，人们一直致力于探讨教学的机制，对教学过程、影响教学的因素及其相互关系进行研究，并形成了一套独立的知识体系——教学理论。这种理论偏重对基础知识的描述和完善，对于教学的改进产生的是非直接的作用，因为从理论到实践仍然是有距离的，而且实践的情境是在不断发展变化的，很多时候也无法完全套用现成的理论。

第二，有利于信息技术教师教学工作的科学化，促进青年教师快速地从新手转变为信息技术课程教学方面的专家。教学是一门科学，更是一门艺术。要掌握教学这门艺术，成为一名教学专家，固然需要天分，但对于绝大多数教师来说却不是短时间内所能达到的，尤其是对青年教师而言。长期以来，青年教师的培养大多通过模仿和经验积累的方式，这种师傅带徒弟式的做法有其积极意义，但是对于提高青年教师教学水平的效果却是缓慢的。在任何一个行业和领域，都存在着一批精通专业的人士，他们在自己的专业领域具有比别人更强的信息加工能力和学习能力。当识别有意义的信息时，能够围绕核心概念和"大观点"来组织和记忆知识，以网络形式分层次存储专业及其相关知识，具备与其领域和学科相关的巨大知识库，他的知识是条件化的，其知识库含有大量的产生式系统。

第三，有利于教育信息化的不断深入，促进教育改革的进行。近年来，信息技术应用的领域被拓宽了。以计算机和通信技术为核心的信息技术给教育带来的不仅仅是手段上的革新，更重要的是对信息时代人才培养观念、人才培养方式的转变，引发了教育观念、教学内容、教学方式的深刻变革。

（四）中学信息技术课程教学中教材设计

第一，教材分析属于教学设计的前端分析环节，是教学设计工作的起点。教材分析的目的就是熟悉教材、吃透教材。熟悉教材的意思就是要切实把握教材的内容，吃透教材则是在熟悉教材的基础上挖掘教材的教育教学功能。教学设计的前期，教学分析包括教学目标分析（确定教学内容、教学顺序或学习主题）、学习者特征分析（确定学习者的知识水平、认知能力和认知结构变量）、学习环境分析。由此可见，我们所要进行的教材分析，正是教学设计前期分析要做的工作之一，它是教学设计工作的起点，是整个教学设计过程中的一个环节。

第二，教学设计为教材分析提供理论指导和技术支持。由于教学设计吸收了系统科学、设计科学理论的精华，因而有利于教师科学思维习惯和能力的培养，使得青年教师可以快速地从一名新手成长为某一学科领域的教学专家，提高发现问题、解决问题的能力。

第三，教材分析的理论与实践丰富和完善了教学设计的理论与实践体系。为了熟悉教材、吃透教材、做好教材分析工作，人们总是千方百计地从其他学科领域寻找更多更有效的分析方法。当然，在教材分析方面，还引入了其他一些有益的新技术和新观念，广大的教育工作者都积极地吸纳其中的理论精髓并付诸实践，这些理论和实践方面的创新都极大地丰富和完善了教学设计的理论体系。

（五）中学信息技术课程的教学过程设计

信息技术教学过程是一种对计算机科学技术的实践与认识相统一的过程，也是一个促进学生身心发展和提高学生智力与能力的过程。在教学过程中，教师有目标、有计划地引导学生能动地进行认识活动，使学生在初步认识计算机的基础上，通过上机实践，掌握计算机科学基础知识和计算机技术操作的基本技能，同时促进学生的思想、道德、个性的发展，并为学生树立科学的世界观奠定基础。

1. 教学过程设计的特点

信息技术教学过程是经典教学过程的继承，而在新的信息技术下赋予信息技术教学过程新的内涵。因此信息技术学科教学过程除了具有经典教学过程的一些认知过程的特点之外，还具有信息技术教学过程本身的一些特点。

（1）更强调学生主体性。在大多数的中学信息技术教学过程中，教师仍然处在教学的主导地位，起到十分重要的导向作用。但在某些教学模式或环节上，教师的主导作用被减弱了，更强调学生主体性。

（2）摆脱时间、空间的限制。由于信息技术学科学习的特殊性，学生的学习可以不受时间空间的限制。在绝对的时间区间上，学生的认知效率是提高了。另外，由于 Internet 提供了丰富的学习资源，学生认知的范畴和深度都比经典教学过程要宽和深。

（3）学生的学习更自主，但会带有随意性。即使是教师按国家、学校、学科的要求精心设计，有计划地进行教学，但出于教师的主导作用而可能限制了学生的主动性，而网上教学，学生有更大的自主空间学习，有利于创新精神的培养。因此，学生的积极性、主动性是信息技术教学过程的关键。

（4）用虚拟现实来组织教学过程。在中学信息技术教学过程中，可以利用多媒体虚拟现实，通过探索、发现法等教学方法，发展学生的智力，培养学生信息处理能力和激发学生对信息处理的创新精神。

（5）信息技术教学更接近人的认知过程。在中学信息技术教学过程中，教师可利用多媒体技术、虚拟现实技术，使学生在学习的过程中有更多机会用自己的感觉器官，亲身经历和实践，并从中总结出经验或培养训练自己的技能。在中学信息技术教学过程中，应当是由学生用更多实验、实践、操作去领会和掌握信息技术中的原理和方法。

2. 教学过程的具体设计

（1）讲授型课堂教学过程的设计。"讲授型课堂以陈述性知识的教学为主，教学的主要目标是促进学生对知识的理解，并在理解的基础上促进学生对知识的保持。"① 讲授型课堂教学可以进一步划分为逻辑归纳和逻辑演绎两种类型的课堂模式，逻辑归纳型课堂教学过程是一种有指导的学生发现或探究性学习方式，主要运用于概念和简单规则的学习，学生通过教师设置的教学情境，提出或理解学习的问题，在教师进行事实列举、案例分析的基础上，或者通过学生做练习或实验，归纳概念或规则要点，最后通过强化训练达到知识与技能习得的目的；逻辑演绎型课堂教学过程则是从点到面的教学方式，主要运用于规则的使用、问题的解决等的教学，教师通过呈现典型案例、分析案例、解释现象，推理出原理并用之于解释同类事例，并通过反馈和强化达到能力习得的目的。讲授型课堂教学过程设计一般包括以下环节：导入—学习新课—小结—练习（布置作业）。

（2）练习型课堂教学过程的设计。练习型课堂适合于程序性知识的学习、示范。练习型课堂教学过程设计的模式是以学为主的教学模式，模式中突出现代教学媒体的示范作用，学生通过模仿、反复操练，习得知识和能力，最终目的是促进学生将习得的概念和规则在新情境中运用，所以教学设计的第一个重要环节是保证学生习得所教授的概念和规则，第二个环节是设计变式练习，使习得的规则转化为智慧技能。概念和规则的巩固和转化阶段，应用阶段的教学设计主要应处理好变式练习与反馈的问题。在概念和规则习得阶段的教学设计主要应处理好接受学习和发现学习的关系。练习型课堂教学过程设计一般包括以下环节：导言（提出练习的目标和内容）—对象观察与过程示范—学生练习—分析、评价和反馈—归纳总结—练习巩固。

（3）探究型课堂教学过程的设计。探究型学习是指学生在教师的指导下主动发现问题，以一种类似科学研究的方法对问题进行分析和探究，从而使问题得到解决和获得知识的学习活动过程。探究发现型课堂教学过程模式主要运用于概念和规则的学习，学生通过教师设置的教学情境或提出的学习问题，通过列举事实、做实验或发现线索，主动归纳总结概念或现象规律，形成归纳能力，最后通过强化练习或情境迁移达到习得知识技能的目的。探究型课堂教学过程设计一般包括以下环节：创设情境、确定探究任务—形成问题、明确探究方向—相互协作、开展探究活动—汇报交流、评价探究结论。整个教学过程参照教师展示资源、引导学生进行探究学习的具体环节展开。

（4）基于网络资源的探究（Web Quest）教学过程的设计。Web Quest 是一种基于网络资源的、以探究为基础的学习活动。其中使用的信息的全部或者大部分来自网络。Web Quest 模式最早由美国圣迭戈大学的伯尼·道奇和汤姆·马奇创建。一个 Web Quest 必须

---

① 全生羽，李虎，徐雪瑞. 中学信息技术教学探索与实践 [M]. 长春：吉林人民出版社，2021：132.

包括导言、任务、过程、资源、评价、结论六个部分（关键属性）。除此之外还有诸如小组活动、学习者角色扮演等属性。

（5）合作型课堂教学过程的设计。合作学习的教学过程主要包括学习任务设计、组建学习小组、开展合作学习活动、组间交流及评价总结等环节。其中，学习任务的设计、组建学习小组和合作学习活动的设计是合作学习教学过程设计的关键点。合作型课堂教学过程设计一般包括以下环节：创设情境—组织合作小组—分配任务，进行合作学习—展示合作学习成果—评价总结。

（六）中学信息技术课程的教学设计模式

1. 常规教学模式的设计选用

常规的教学模式是在教学活动中按照大纲的要求，制订教学计划、确定教学内容。这种教学模式以课堂教学为主，注重文化传承，有利于教师主导作用的发挥，有利于教学的组织、管理和教学过程的调控，对教学环境建设的要求比较低，教学效果比较高，更重要的是在课堂教学这种环境中教师与学生之间的人际交流对学生成长所起的作用，远远超出了课堂教学本身。在初中信息技术课程教学中，目前大多数还是以常规的教学模式为主。教师一定要设计合适的教学方法，运用现代化的教学手段，激发学生的学习兴趣，使学生喜欢信息技术这门课程，并通过学习使他们学会学习方法和提高获取知识的能力。下面根据信息技术学科的特点探讨六种常用的基本教学模式。

（1）讲授演示。讲授演示模式是指教师通过口头语言并出示实物、挂图、投影、计算机等教学手段向学生描绘情景、叙述事实、解释概念、论证原理和阐明规律，是教学活动中最基本的模式。它既适用于传授新知识，也可用于巩固旧知识。特别适合于一些较复杂的问题、概念进行较系统而严密的解释和论证的原理，说明事物内部结构或联系的教学。比如对计算机系统的硬件中内存储器、外存储器的教学，必须通过讲授，使学生清楚计算机直接从内存储器获取信息，不可直接到外存储器获取信息；内存储器是临时存放信息的区域，一旦断电，信息消失，永久保存的信息必须存到外存储器中；等等。

（2）启发式。启发式教学模式是指教师在教学工作中依据教材的内容和学生的认知规律，由浅入深，由近及远，由表及里，由易到难地逐步提出问题、解决问题，引导学生主动、积极、自觉地掌握知识的教学方法。启发，是启发学生思考，让学生自己思考解决问题的方法。这种教学模式，强调教师的主导作用，教学过程要由教师来组织，学生是学习的主体。启发学生积极思维，旨在调动学生学习的积极性，正确地理解、系统地掌握所学的知识。采用这种教学模式，教师能够突出重点、分散难点、抓住关键，再辅以演示、讨论和学习，会使整堂课生动活泼，取得较好的教学效果。例如，在 Windows 界面中窗口的教学，在引入新知识时，强调学生在教师的引导下通过观察、操作、阅读教材，归纳概括窗口元素的组成、作用、使用方法等，让学生通过亲身活动来感知和理解所学知识。

（3）课堂讨论。课堂讨论是学生在教师指导下，就教材中的基础理论或主要疑难问题，在独立钻研的基础上进行讨论的教学组织形式。

课堂讨论前由教师提出要讨论的问题和要求，指导学生看有关资料，写出发言提纲。课堂讨论展开时，教师应逐步提出问题，把讨论引向深入，紧紧围绕主题。讨论中要鼓励学生充分发表意见。讨论后教师小结，或是得出结论，或是提出进一步思考、研究、讨论的问题。例如，在 PowerPoint 几个概念的教学中，"幻灯片视图""幻灯片浏览视图""幻灯片放映视图"的概念以及各自的功能极易混淆，教师可提出问题，指导学生阅读教材，展开讨论，得出结论。

（4）探索式。在课堂教学中，宜推行探索式的学习方式。探索式学习是学生自由支配自己的学习，并在教师引导下，自己参与发现新知的过程。在此过程中，可以探索、发现、学习有关计算机知识的概念和规律等。这样，一方面学生的认知欲望正好可以借助于探索式的学习手段得到满足，另一方面可以调动学生学习的主动性，获得较强的新知记忆。在教学过程中应善于利用这一模式，让学生主动去完成特定任务的探索学习，培养他们独立操作，发现并总结新知的本领。例如，在 Excel、PowerPoint 窗口界面及操作教学中，教师不要按教材内容手把手教学生，让他们被动接收记忆，而要引导学生对照 Word 的窗口界面及操作自学 Excel、PowerPoint 的最基本操作，由学生自己发现 Word、Excel、PowerPoint 窗口界面的共同特征及不同之处，然后由教师帮助归纳总结。

通过学生探索式的学习，不仅使他们直接获取了新知，同时也教给了他们自己获取新知的方法。这比教师直接告诉学生新知，让其强化记忆的效果要好得多。

（5）实验操作。实验操作教学模式是学生在教师的指导下，对某一问题反复实践，或某一动作反复地进行，借以形成技能、技巧或习惯的教学方法。实验操作对工具性和技能性强的初中信息技术课程教学尤其重要。实验操作对于巩固知识，引导学生把知识应用于实际，发展学生的创新精神和实践能力以及形成学生的道德品质等方面具有重要的作用。上机实验是信息技术教学过程的重要环节，必须十分重视。一般有以下方面的要求：

第一，明确上机实验的目的要求。上机前，教师必须事先布置实验内容、说明目的要求，学生应事先做好准备工作，以提高上机效率。充分利用上机时间，避免到机房才布置上机内容，更不要无目的地上机。

第二，精选实验内容。实验内容要根据实验目的、学生实际情况及学习和生活中的实际需要加以选择，要加强基本技能训练，注意创造性练习，发展学生的操作能力和创造能力。

第三，正确的实验方法。实验要按确定的步骤进行，教师应事先发给学生实验报告纸，纸上印有目的要求、操作题目和步骤，学生实验完成应填写报告，教师批改。

第四，教师指导。上机时，要求教师根据情况，有目的、有重点地指导。指导时既要严格要求，又要热情耐心，对许多学生都不懂的问题，由教师示范操作，学生上机时切忌放任自流。

第五，要对学生进行遵纪守法、爱护公物、注意公共卫生和互助协作精神的教育。

(6) 巩固复习。巩固复习是教师指导学生学习已经学过的知识，以强化记忆、加强理解、融会贯通，从而达到系统化。复习在整个教学过程中占有重要地位，它不仅可以防止遗忘，同时可以诊断和弥补学习上的缺陷，发展学生的记忆能力和思维能力。

除以上基本模式外还有研究问题法、发现法、学导式创设情境等模式。教学模式的选择一般根据教学的内容、目标和任务来决定，同时也要考虑课程的性质和教材的特点、学生的年龄特征和学校环境、设备条件等，把几种模式合理地结合使用。

2. 新型教学模式的设计应用

(1) 教学设计过程模式。由于教学系统设计实践中所面对的教学系统范围和任务层次（一节课、一个课程计划甚至是国家教育系统）有很大的差别，而且设计的具体情况和针对性也不一样，再加上设计人员教学工作环境（不同地域，不同教育层次）和个人专业背景（学科专家、教学系统设计专家、媒体专家、教师、评价专家）的差异，使他们对教学设计的理解和认识各不相同，在设计中他们的关注点和自身的优势也不同，因而自从 20 世纪 60 年代出现第一个教学设计模式以来，在以教学技术为主的文献中已出现过数百个模式。

尽管教学系统设计模式的种类繁多，但从其理论基础和实施方法看，可以将其分为三大类：以"教"为主的教学设计过程模式、以"学"为主的教学设计过程模式（主要基于建构主义学习理论）、"教师为主导、学生为主体"的教学设计过程模式（简称"主导—主体"模式）。其中，以教为主的教学设计过程模式由于学习理论基础不同，又可分为基于行为主义学习理论的教学设计过程模式（ID1）和基于认知主义学习理论的教学设计过程模式（ID2）。

第一，以"教"为主的教学设计过程模式。

一是"肯普"模式。在教学设计过程中应强调四个基本要素，须着重解决三个主要问题，要适当安排十个教学环节（图 3-1）。

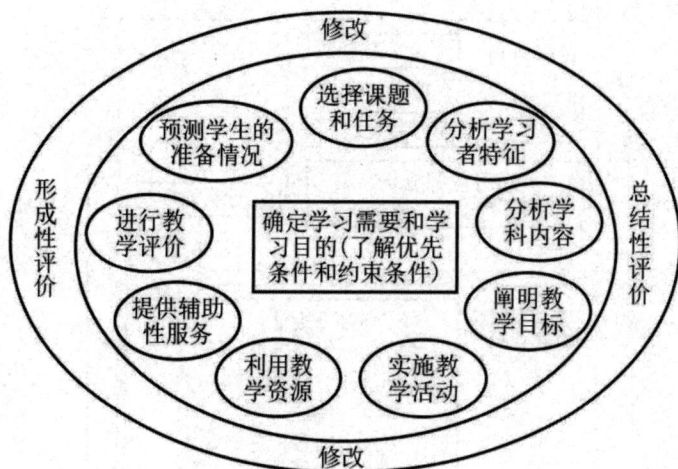

图 3-1 肯普模式

图 3-1 中把确定学习需要和学习目的置于中心位置，说明这是整个教学设计的出发点和归宿，各环节均应围绕它来进行设计；各环节之间未有弧线连接，表明教学设计是很灵活的过程，可以根据实际情况和教师自己的教学风格从任一环节开始，并可按照任意的顺序进行；图中的形成性评价、总结性评价和修改在环形圈内标出，表明评价和修改应该贯穿整个教学过程的始终。在十个教学环节中有九个环节皆由教师自己完成，另一个环节是在教师主讲活动起主导作用的前提下由师生共同完成，整个教学过程主要靠教师向学生传递（灌输）知识，学生在学习过程中的主动性、积极性较难发挥。

二是"史密斯—雷根"模式。第二代以"教"为主的教学设计的代表性模式则是"史密斯—雷根"模式（图 3-2），该模式由史密斯和雷根于 1993 年提出，是在"狄克—柯瑞"模式的基础上，吸收了加涅在"学习者特征分析"环节中注意对学习者内部心理过程进行认知分析的优点和瑞格卢斯的教学策略分类思想，并把重点放在了教学组织策略上，该模式的特点具体如下：首先，把"学习者特征分析""学习任务分析"（包括"教学目标分析"和"教学内容分析"两部分）都归入教学分析模块中，并在这一模块中补充了"学习环境分析"部分。其次，由图 3-2 可以看出，该模式明确指出了应该将重点放在三类教学策略：教学组织策略、教学内容传递策略和教学资源管理策略的设计上。最后，对学习者特征进行分析时，除了要分析学习者的学习基础和知识水平外，还对学习者的认知特点和认知能力进行了分析。

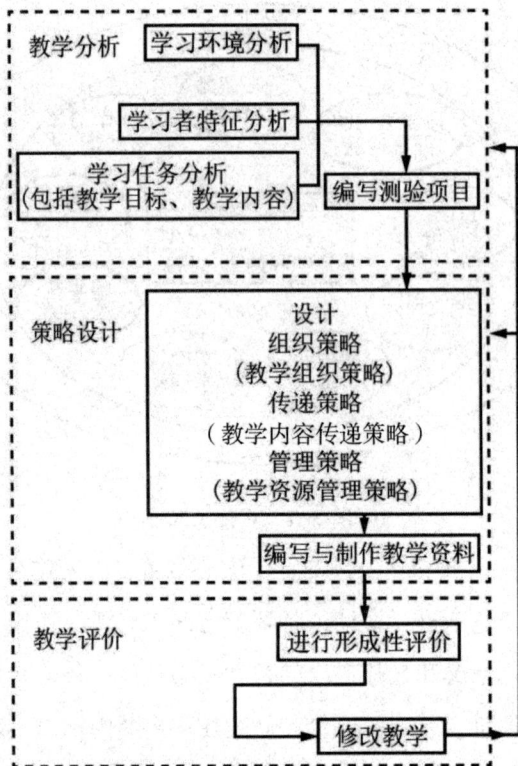

图 3-2 史密斯—雷根模式

尽管以"教"为主的教学设计过程模式在世界范围内影响深远,然而这些设计模式大都产生于多媒体、超媒体、人工智能网络技术之前,无法实现中学信息技术课程中"以学生为中心"的教学思想,不能充分发挥学生的主体作用和他们的主观能动性,不利于学生自主学习能力、协作学习能力和终身学习能力的培养,无法适应信息技术课程的教学需求,因此我们必须探索一种新的教学设计理念和教学设计过程模式。

第二,以"学"为主的教学设计过程模式。由于多媒体、超媒体、人工智能、网络技术、虚拟现实技术所具有的多种特性适合于实现建构主义理论所要求的学习环境,能够表征知识的结构,能让学生积极主动地去建构知识,甚至为学习者提供社会化的真实的情境,所以随着多媒体计算机和基于 Internet 的网络教育应用的飞速发展,建构主义越来越显示出其强大的生命力,而基于建构主义的以"学"为主的教学设计理论及其过程模式也逐步形成和发展,这种基于建构主义的教学设计过程模式如图 3-3 所示。

```
┌ ─ ─ ─ ─ ─ ─ ─ ─ ─ ─ ─ ─ ─ ─ ─ ─ ─ ─ ─ ┐
│      ┌─────────────────────────────┐      │
│      │        教学目标分析          │      │
│      │  (确定教学内容、教学顺序或学习主题) │─────┐
│      └──────────────┬──────────────┘      │  │
│      ┌──────────────▼──────────────┐      │  │
│      │       学习者特征分析          │      │  │
│      │ (确定学习者的知识基础、认知能力和认知结构变量) │  │
│      └──────────────┬──────────────┘      │  │
│      ┌──────────────▼──────────────┐      │  │
│      │        确定教学起点          │      │  │
└ ─ ─ ─└──────────────┬──────────────┘─ ─ ─ ┘  │
┌ ─ ─ ─┌──────────────▼──────────────┐ ─ ─ ─ ┐ │
│      │       学习情境创设            │      │  │
│      └──────────────┬──────────────┘      │  │
│      ┌──────────────▼──────────────┐      │◄─┤
│      │     信息资源的设计与提供      │      │  │
│      └────┬──────────────────┬──────┘      │  │
│   ┌───────▼──────┐      ┌────▼─────────┐   │  │
│   │   自主学习设计  │      │   协作学习设计  │   │  │
└ ─ └───────┬──────┘─ ─ ─ └──────────────┘ ─ ┘  │
┌ ─ ─ ─ ─ ─ ▼ ─ ─ ─ ─ ─ ─ ─ ─ ─ ─ ─ ─ ─ ┐     │
│   ┌──────────────┐                      │     │
│   │   进行形成性评价 │                      │     │
│   └──────┬───────┘         ┌──────────┐ │     │
│          └────────────────►│  修改教学  │─┼─────┘
│                            └──────────┘ │
└ ─ ─ ─ ─ ─ ─ ─ ─ ─ ─ ─ ─ ─ ─ ─ ─ ─ ─ ─ ┘
```

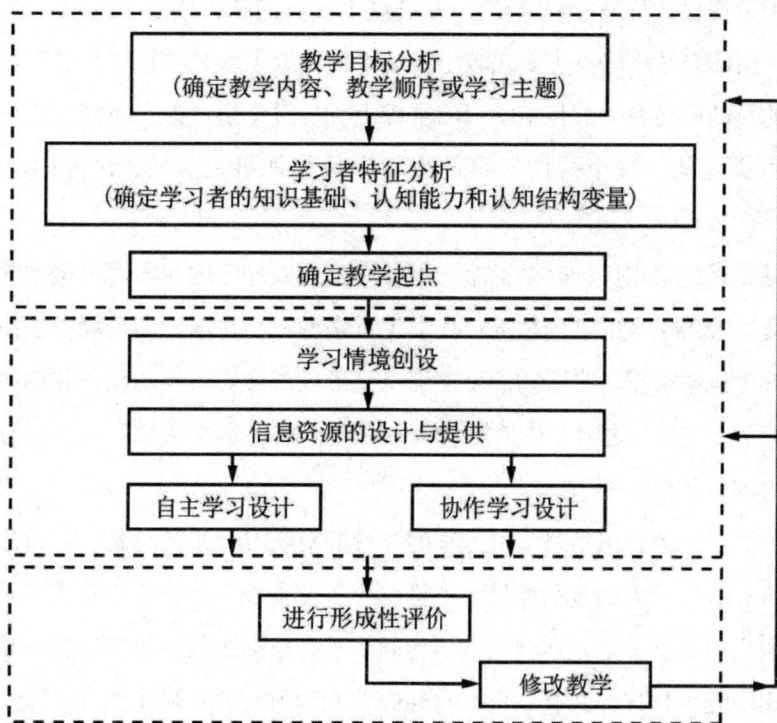

图 3-3   以"学"为主的教学设计模式

从图 3-3 中可以看出，以"学"为主的教学设计过程大体上分为三个阶段六个环节。这三个阶段是：分析阶段、设计阶段和评价阶段。每个阶段又由以下具体环节组成。

一是分析阶段。分析阶段包括两个环节：教学目标分析和学习者特征分析。对整门课程及各个教学单元进行教学目标分析，可以确定当前必须学习与掌握的知识"主题"（与基本概念、基本原理、基本方法或基本过程有关的知识内容）。通过分析得出总目标与子目标的关系图，就得到了为达到该教学目标所需的全部知识点，学习主题也就随之确定。同时在这一阶段，需要对学习者进行特征分析，以便确定学习者的知识基础、认知能力和认知结构变量，从而为学习策略的设计提供依据。

二是设计阶段。设计阶段包括三个环节：首先，学习情境创设。建构主义认为，学习总是与一定的社会文化背景，即"情境"相联系的，在实际情境或通过多媒体创设的接近实际的情境下进行学习，可以利用生动、直观的形象有效地激发联想，有利于学习者唤醒长时记忆中有关的知识经验或表象，从而利用原有的认知结构对新的知识进行同化或顺应（原有知识与经验不能同化新知识，对原有认知结构进行改造或重组），达到对新知识意义的建构。其次，信息资源的设计与提供。确定学习所需信息资源的种类和每种资源在学习过程中所起的作用。当学生在获取信息资源和有效利用这些资源方面存在困难时，教师应及时给予帮助。最后，学习策略的设计，包括自主学习策略的设计和协作学习策略的设计。自主学习策略设计是整个以"学"为主教学设计的核心内容。在以"学"为主的学习环境中，常用的教学策略有支架式教学法、抛锚式教学法和随机进入教学法等。设计协作学习环境的目的则是在个人自主学习的基础上，通过小组讨论、协商，进一步完善和深化对主题的意义建构，整个协作学习过程均应由教师组织引导，讨论的问题皆由教师提出。

由此可见，无论采用何种教学策略，设计时都应充分考虑在学习过程中充分发挥学生的主动性，能体现出学生的首创精神；让学生有多种机会在不同的情境下去应用他们所学的知识；让学生能够根据自身行动的反馈信息来形成对客观事物的认识和解决实际问题的方案（实现自我反馈）；让学生在竞争中学会协作，在协作中学会竞争，充分培养他们的自主学习能力和协作学习能力。

三是评价阶段。评价包括对学习过程的评价和对学习效果的评价，评价形式包括小组对个人的评价和学生个人的自我评价。评价内容主要围绕三个方面：自主学习能力；协作学习过程中做出的贡献；是否达到意义建构的要求。根据小组评价和自我评价的结果，应为学生设计出一套可供选择并有一定针对性的补充学习材料和强化练习，即修改教学。

综上可见，以学为主的教学设计过程模式在设计时充分考虑了学习者这个主体要素的特征，更符合现代教育对人才培养的要求。以"教"为主的教学设计，有利于发挥教师的主导作用，但学生处于被动接受地位，其主动性、创造性难以有效发挥。而以"学"为主的教学设计，突出了学生的主体地位，使学生的主动性、创造性得到了发挥，有利于培养具有创新思维和创新能力的新型人才。有必要将这二者结合起来，做到学教并重，取得更好的教学效果，适用的范围也就更广。于是就产生了能充分发挥二者长处的"主导—主体"教学设计过程模式。

第三，"主导—主体"教学设计过程模式。"主导—主体"教学设计从方法和步骤上来说，是以教为主和以学为主的教学设计方法和步骤的综合。下面分析"主导—主体"教学设计的流程图（图3-4）。

由图3-4可以看出，"主导—主体"教学设计过程模式具有如下特点：

一是可根据教学内容和学生的认知结构情况灵活选择"发现式"或"传递—接受"教学分支。在中学信息技术课程中，不仅有认知领域的学习内容（如信息的概念及基本特征等），也有动作技能领域的学习内容（如信息的获取、加工、表达和管理等）和情感领域的学习内容（如信息安全法律法规及道德规范等），不同的教学内容，需要确定究竟是以"教"为主还是以"学"为主，必须灵活选择。

二是在"传递—接受"教学过程中基本采用"先行组织者"教学策略，同时也可采用其他的"传递—接受"策略作为补充，以达到更佳的教学效果。

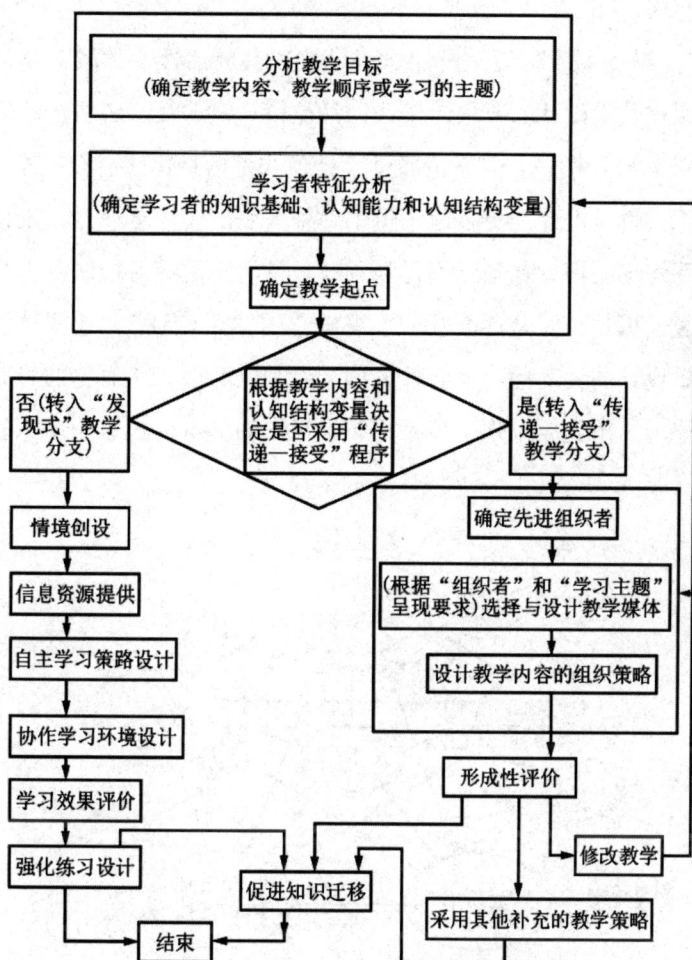

图 3-4 "主导—主体"教学设计过程模式

三是在"发现式"教学过程中也可充分吸收"传递—接受"教学的长处（如进行学习者特征分析和促进知识的迁移等）。

四是便于考虑情感因素（动机）的影响。在"情境创设"框（左分支）或"选择与设计教学媒体"框（右分支）中，可通过适当创设的情境或呈现的媒体来激发学习者的动机；而在"学习效果评价"环节（左分支）或根据"形成性评价"结果（右分支）所做的"修改教学"环节（右分支）中，则可通过讲评、小结鼓励和表扬等手段促进学习者三种内驱力（认知内驱力、自我提高内驱力和附属内驱力）的形成与发展（视学习者的年龄与个性特征决定内驱力的种类）。

由于具有两个分支（左分支对应"发现式"教学，右分支对应"传递—接受"教学），所以它能支持以"教"为中心和以"学"为中心这两类不同教学模式的教学系统设计。此外，由于这两个分支既有公共部分又可以相互跳转，因而还可方便地实现双主教学模式的教学设计要求。

综上所述，"主导—主体"教学设计过程模式以其灵活性、学教并重的特点，更能适应中学信息技术课程教学设计的要求，是我们每位信息技术教师必须熟练掌握的模式。

（2）关系论教学设计模式。关系论教学设计模式是信息化社会教学设计的新发展，如在开放网络环境下，教学设计则更多地侧重于一种关系。在信息社会，现代教学设计理论已经不再拘泥于系统论的理论基础，不再强调对教学活动的绝对控制，不再主张刻板地执行已经设计好的教学模式，而是逐渐开始重视教学的"生命性"，强调教学活动是人的生命活动，强调教学设计的关系性、灵活性、创造性和实时性，从而更加有利于培养学生的创新精神和各种能力。由此，出现了关系论教学设计的基本构想。关系论教学设计的具体操作模式如图3-5所示。

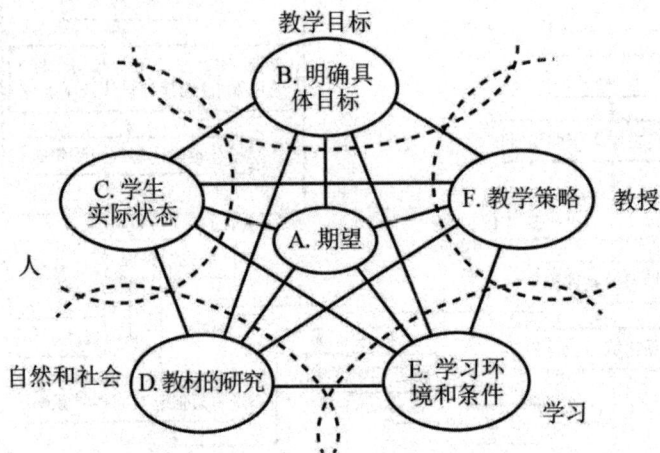

图3-5　关系论教学设计六要素操作模式

关系论教学设计模式有六个构成要素，研究它们有利于分析整个教学过程，它们相互关联，互为条件。关系论教学设计允许随意从这六个要素中任何一个要素开始工作，可以随意移动各个要素的位置，而不必按照一定的顺序推进。对这六个要素进行反复的研究，在它们的相互关系中，能够进行以"期望"为中心、整合的教学设计活动。

关系论教学模式强调教师与学生在教学过程中的相互作用关系。教师在教学过程中进行教学设计，教学设计的成果被实时地应用到实践之中，教学方案在实践中不断地形成，不断地变化，不断地把教学引向深入，学生和教师在一种相互联系、相互作用的教学关系中进行教学设计。关系论教学设计的工作是在教学之前设计一个总体教学概要，不像传统的教学设计制订过细的行动方案，而是在教学活动的进程中产生教学方案，只有教学过程结束后，教学方案才能最终形成。

关系论教学设计的教学目标是"创造智慧"，其教学设计的目标具有不确定性。关系论教学设计所依据的是创造性的理论模式。学生在充满变化、不确定的教学活动中与人、物或事直接接触，产生经验或带来经验的变化。学生学习结果是学生自己发现或"创造"出来的。教学的主动性也体现在使每一个学生实时地体验知识的创造，并使学生互相交流这种知识。教师起到的是指导者、帮助者的作用。这种教学设计模式称为"创造性模式"。

二、小学信息技术课程的教学设计

（一）小学信息技术课程教学设计的特征

小学信息技术课程的教学设计应该考虑以下特征。

第一，年龄和发展阶段适应性：课程设计应考虑小学生的年龄和认知发展阶段，确保内容和教学方法与他们的认知水平和兴趣相匹配。

第二，互动性和趣味性：信息技术课程应该注重互动和趣味，通过游戏、实际案例和多媒体资源等方式激发学生的兴趣，使他们更容易吸收知识。

第三，基础技能培养：课程应该注重培养学生的基础技能，如键盘输入、文件管理、基本编程概念、网络安全等，以确保他们建立坚实的信息技术基础。

第四，跨学科整合：信息技术课程可以与其他学科整合，以帮助学生更好地理解和应用信息技术，比如将计算机科学与数学、科学或语言艺术结合起来。

第五，创造性思维培养：鼓励学生进行创造性思考和解决问题，包括编程、设计和数字媒体制作等活动，以培养他们的创造性能力。

第六，安全和道德教育：课程应该包括有关网络安全和数字道德的教育，帮助学生了解如何安全地使用互联网和数字工具，并培养负责任的数字公民意识。

第七，实践和项目导向：鼓励学生参与实际项目，以应用他们所学的知识和技能，从而加深他们的理解和经验。

第八，不断更新的内容：信息技术领域发展迅速，课程应该定期更新，以反映最新的技术和趋势，确保学生获得实际的职业技能和生活技能。

第九，多样性和包容性：课程设计应该考虑到学生的多样性，包括性别、文化和能力差异，以确保每个学生都有平等的学习机会。

（二）小学信息技术课程教学设计的过程

小学信息技术课程的教学设计过程通常包括以下步骤。

第一，目标设定：确定课程的教育目标和学习目标，这些目标应该明确定义，可以是知识、技能和概念方面的目标。

第二，学习者需求分析：了解学生的背景、先前的知识水平和技能，以便根据学生的需求和水平来调整课程设计。

第三，课程内容选择：确定要教授的主题和内容，这些内容应该与信息技术领域相关，同时适应学生的年龄和认知水平。

第四，教学方法选择：选择适合小学生的教学方法，包括互动式教学、实验、游戏和多媒体资源的使用。考虑到学生的注意力和参与度，教学方法应该具有趣味性。

第五，教学资源准备：准备所需的教学资源，包括教材、教具、软件、硬件等。确保这些资源是适合学生的年龄和技能水平的。

第六，课程结构设计：设计课程的结构和进度安排。确定每节课的主题，教学活动和时间分配。

第七，评估方法选择：确定如何评估学生的学习成果，可以使用测验、作业、项目等不同的评估方法。

第八，教学计划编制：制订详细的教学计划，包括每堂课的教学目标、教学活动、评估任务和时间表。

第九，教学实施：按照教学计划进行教学。在教学过程中，根据学生的反馈和需要进行调整。

第十，评估和反馈：定期评估课程的效果，并根据学生的表现和反馈来调整教学方法和内容。

第十一，课程改进：根据评估结果和学生的反馈，不断改进课程，使其更加适应学生的需求和教育目标。

第十二，总结和改进：在课程结束时，总结课程的教学成果和经验教训，以便在将来的课程设计中进行改进。

以上这些步骤可以帮助教师设计和实施一门有效的小学信息技术课程，以促进学生的信息技术素养和技能发展。

(三) 小学信息技术不同课型的教学设计

1. 新授课的教学设计

小学信息技术新授课教学是课堂教学的重头戏。新授课是以新知识、新技能、新方法等为主要任务的一种课型，授课的内容往往是学习后继知识的基础。

（1）新授课的分类。从学科内容的特点及逻辑结构划分，一般可将小学信息技术新授课分为基础知识、基本操作和应用软件三种主要课型。

第一，基础知识新授课。基础知识新授课是以学生学习掌握信息技术课程的基础理论知识、诱发学习信息技术兴趣为目的的一种课型。小学阶段教学内容涉及的基础知识有：信息技术基本工具的作用，如计算机、雷达、电视、电话等；计算机各个部件的作用，如键盘和鼠标在计算机系统中的作用；多媒体的概念和类型；信息技术相关的文化、道德和责任等。这一类学习的特点是具有一定的概括性和抽象性，较之具体形态的知识，难度相对高一些。因此，如何降低难度、帮助学生克服基础知识的抽象性，成为这一类新授课教师设计教学的重点。

第二，基本操作新授课。基本操作新授课是以形成正确使用计算机的基本操作技能为目的的一种课型。小学阶段教学内容中涉及的基本技能有：汉字输入、操作系统的简单使用、文件和文件夹（目录）的基本操作等。这一类学习的特点是具有较强的操作性和实践性。需要注意的是，这些操作并不都是零散的，很多操作具有相似性，因此在设计时需要注意总结一般的操作方法，帮助学生获得可迁移的能力。

第三，应用软件新授课。应用软件新授课是以培养学生认识软件的本质与特点，掌握软件的使用方法，举一反三使用软件解决实际问题的能力为目的的一种课型。小学阶段的教学内容涉及的应用软件有：绘画软件、文字处理软件、多媒体软件、网络应用软件等。这一类学习的特点同样是操作性较强，但任何一款软件的功能相对都是比较多的，在设计时，一定要通过一些具体的操作帮助学生从整体上认识这款软件的特点、功能及使用方法。另外，不同软件之间也具有相似的界面和操作，在设计时也需要考虑引导学生获取一般的操作方法。

（2）新授课教学设计的方法。

第一，精讲多练。

一是精讲是"基石"。精讲就是教师在信息技术重点、难点教学中，运用精练的语言，讲清、讲透知识点，点拨知识点的精华，力求对学生理解和把握知识起到"画龙点睛"的作用。首先，讲清重点。知识要点，是课堂教学的核心。讲清重点是开展教学活动的主线。教学中，教师应抓住重点，巧设教学重点任务，突出重点教学。当学生在获取重点知识遇到困难或问题时，教师要在最短的时间内，用言简意赅的语言帮助学生厘清要点、把握脉络、掌握方法，促使学生更准确、更牢固地理解和掌握重点知识，自主尝试操作，教师则巧妙引导、精练归纳，这样学生对重点知识的学习和把握才会更加清晰明了。其次，化解难点。难点是指学生学习中难以理解、超过学生知识水平和认知能力的内容。教学中，教师应从学生的实际出发，把握学生学习过程中可能遇到的难点，有针对性地采用形象直观的教学手段及方法，帮助学生分析、理解，并运用通俗易懂的语言进行深入浅出的讲解，促使学生对难点知识进行透彻理解。最后，点拨疑点。疑点是指学生学习中对知识有混淆或有疑问的地方。教学中，教师应当在此疑点处巧设"陷阱"，指点学生发现、讨论、验证，从而促使学生更准确地掌握知识，并获得辨析知识疑点的技能和技巧。

二是多练是"保证"。多练是指教师在信息技术课堂教学中，多给学生操作练习的机会。针对知识重点、难点开展形式多样的，具有一定层次、一定深度和广度的练习活动，适时加以指导。引导学生通过练习，理解、巩固所学知识，并提高灵活运用的能力。首先，目标"准"。要求教师紧密围绕教学重点、难点和学生的学情设计练习目标，力争做到每一个练习任务都能目的明确、针对性强，既注重抓住薄弱环节进行强化练习，又兼顾全体学生练习的需要，让不同层次的学生在练习的过程中都有所提高。其次，内容"精"。要求教师在选取练习内容时充分思考，使练习内容具有针对性和指导性；有助于学生巩固重点知识，形成操作的技能和技巧；有助于提高学生的练习兴趣，避免枯燥乏味的机械操作；有助于学生寻找规律性的关键问题，从而产生触类旁通的效果。再次，形式"活"。要求教师在练习设计中体现多样性、灵活性、开放性和创造性等特点。单调机械的练习会使学生产生厌倦的情绪，不利于学生对知识的巩固和技能的提升。学生在形式多样的练习中更加兴趣盎然，练习时也会更主动、更开心。最后，层次"清"。要求教师在练习设计中照顾全体学生练习的需要；内容要由易到难、由浅入深、由熟到巧；要循序渐进地进行，逐步深化。学生在不同层次的练习过程中逐步达到"会—熟—活"的标准。

在信息技术课堂教学中，我们要做到"精讲多练，讲练结合，讲出新意，练到实处"，这样既体现以学生为主体、教师为主导的教学关系，又重视讲的作用，保证练的需要，充分调动和发挥师生两方面的积极性和主动性，使课堂教学气氛紧张活泼，充满生机和活力，有效地提高课堂教学质量。

第二，善用迁移。由于信息技术教材采用"模块化"的编排方式，教师就要认真分析各模块学习内容之间的相互联系与前后衔接，将新知识与原有认知结构建立起有意义的联系。

计算机软件知识在小学信息技术课程中占有很大比重，但是教师在讲软件知识时，切不可盯住一个软件的功能过于详细地讲，而应针对某一类软件的共性进行讲解，并注重对其核心内容和基本操作技能的筛选。例如，在安排"文字处理"这部分知识点时，应将对文字处理软件所共有的汉字输入、文字的编辑与美化以及图片的插入等基础知识和基本技能作为重点内容。小学生在掌握这些知识点后，可以把所学的知识应用于大部分文字处理软件，从更高层次理解计算机文字处理软件的特点。

在应用软件的教学中，教师要注意把学习软件的方法传授给学生，并让学生运用知识的迁移，自主探究同类软件的操作方法，从而学会新知识。例如，学完 Word 文字处理软件之后，Word 中大部分的操作方法（如文字格式的设置，图片、艺术字、表格的插入与调整等操作）都可以迁移到 PowerPoint 等新授课的学习中。新授课的课堂上要让学生逐渐养成勤于思考的习惯，恰到好处地进行知识迁移，从而培养学生自主学习的能力和综合运用知识的能力。

第三，兴趣引路。新授课中某些课时的学习内容较为枯燥，如基础知识与基本操作新授课的新知识、新概念较多，内容也较为抽象。小学生由于年龄较小，好动性、好奇性强，往往坐不住，不喜欢单调的练习，喜欢生动有趣的东西。注意力集中时间短，且容易被直观形象、生动活泼、形式新颖、色彩鲜艳的东西所吸引。因此，教师在这些类型新授课的教学中要设法提高趣味性，使学生感到新知识的学习并不困难，并自然地产生学习动力。例如，可以通过组织有趣的游戏、竞赛以及有趣味的内容、故事等吸引学生。

一是游戏形式组织教学。教师可根据学生的实际情况，配合教材内容，通过各种渠道找到一些适合小学生的趣味性软件。例如，计算、拼图、赛车、打字游戏等软件。这些富有童趣的软件，深深地吸引着学生，让学生在操作软件的过程中不知不觉地练习了指法，掌握并理解回车键、空格键等各种功能键的作用与使用。如果强行让他们去学习理论知识，背熟键盘字母排列、键盘功能，不但学习效果不好，而且学生也没有强烈的学习愿望。

二是竞赛形式组织教学。教师可组织各种竞赛活动，让学生体验成功的感受，从而巩固学习的兴趣。比如在进行指法教学时，组织"青蛙过河比赛""打字速度比赛"等活动；在学 Windows、画图时，在课堂上组织"选美"比赛，看看谁画的图最美。竞赛可以个人为单位，也可以小组为单位，激发学生的表现欲，提高学生学习计算机的兴趣。

三是故事形式组织教学。创设故事化情境非常适合小学生。把教学内容设计到一个故事情境中，使学生产生身临其境的感觉，增强课堂的趣味性，能有效地调动学生的积极性，从而全身心地投入课堂中。

第四，借助感性材料。学生第一次接触基础知识时，会觉得很枯燥、难懂，一种有效的策略就是提供有针对性的感性材料加以说明。在教学中，可以通过实物、模型和语言三种直观方式予以体现。

一是实物直观。实物直观具有真实、生动等特点，特别容易激发小学生的兴趣和吸引其注意力，加深小学生对新学习内容的印象，可赋予抽象知识以具体的形象。例如，在介绍计算机的各个组成部分时，就可以借助具体直观的实物展开教学。

二是模型直观。模型虽然不如实物真实，但是可对复杂的知识内容进行处理，按教学需要突出某些特征，略去某些细节，更简洁地反映相关知识的内涵和外延。

三是语言直观。语言直观是指教师利用生动形象的语言清晰描述学习内容，特别应以学生身边的现象和经验为线索，将学生的注意力定格在某种感知的回顾和体验上，从而与新学知识产生联系。其中，比喻或类比就是经常采用的方法。

在小学低年级的信息技术教学中，学习内容最好的处理方式是从具体到抽象、从个别到一般、从大量的有吸引力的感性经验入手。有时，最后的学习目标可以只停留在感性认识的层面上，而不必上升到抽象的理论。

另外，信息技术是一门基础性的工具课，它直接为学生将来的学习和工作奠定基础，因此在教学活动中，教师要更多地考虑创设生活化情境。实现生活化的教学，需要将书本知识与学生的真实生活联系起来，让学生感受到学习不是枯燥乏味的而是丰富有趣的，是与自己的生活息息相关的，这样才能最终实现"源于生活，融入生活，用于生活"的生活化教学。

第五，提供学习支架，鼓励学生自主学习和探究。"支架"原为建筑隐喻。伍德最先借用这个术语来描述同行、成人或有成就的人在另外一个人的学习过程中所施予的有效支持。普利斯里等人的定义是：根据学生的需要为他们提供帮助，并在他们能力增长时撤去帮助。

支架的作用主要表现在：①组织和帮助学生开展调查和研究，防止学生在开展项目活动寻求"真理"时，偏离得太远。②学习支架让学生经历了一些更为有经验的学习者（如教师）所经历的思维过程，有助于学生对于知识，特别是隐性知识的体悟与理解。学生通过内化支架，获得独立完成任务的技能。③保证学生在不能独立完成任务时获得成功，提高学生已有的能力水平。④对学生日后的独立学习起到潜移默化的引导作用，使他们在必要的时候，可以通过各种途径寻找或构建支架来支持自己的学习。支架从表现形式上分有范例、问题、建议、指南（向导）、表格、图表，其他还有如解释、对话、合作等。

第六，"半成品加工"教学。"半成品加工"教学就是提供一个相对完整的作品，只是对教学的内容这部分"留白"，让学生在短时间内掌握技术操作的方法和信息素养的内涵，提高讲解、理解和实践的效率，并且优化学习的情境与练习的环境。

应用"半成品加工"策略，主要作用在于课堂教学的演示，配合讲解基本的方法与过程，突出教学的重点，体验技术与过程、方法的高度结合。这样，学习过程不再对复杂的技术有过分的依赖，零散的技术也不会再对方法造成"瓶颈"，而过程与方法也不再会对技术的落实造成障碍。"半成品加工"策略提供了学习的情境和训练的软件环境，使素养与技术的关系得到较好的调和。例如，提供一份小报的半成品，让学生将其中某段落分栏。这样学生可以通过对小报加工前后的对比，领会分栏的作用和优势。还可以通过范例引领等方式，引导学生进行作品创作。

2. 复习课的教学设计

复习课是信息技术课堂教学过程中非常重要的一种课型，对夯实学生的基础，培养和提高学生运用知识、解决问题的能力起着举足轻重的作用。

（1）复习课的目的。信息技术复习课与其他学科的复习课既有共同点又有不同点，共同点是都是梳理知识、巩固学习成果，不同点是信息技术复习课可操作性强。信息技术复习课的目的在于教师帮助学生梳理知识和技能，加深对所学知识的理解，通过强化训练，培养学生对基础知识的理解、运用、分析与综合的能力。信息技术复习课通常可分为章、单元复习，期中、期末复习以及对新知识、技能进行激活预热的预备性复习。根据复习内容特点又可以分为理论型复习课和操作型复习课。信息技术复习课的主要目的有：重现"知识点"、构建"知识链"、获得"知识值"。

第一，重现"知识点"。"知识点"重现的环节不仅担负着拉开复习帷幕的重任，更承担着激发学生复习欲望、唤醒已有知识的功能。

第二，构建"知识链"。信息技术复习课的教学目的应该定位于，帮助学生创造性地回顾、整理、交流将要复习的理论和操作性知识，将原来零散的知识点梳理后构成知识链，形成知识结构体系，使之逐渐趋于系统化。

第三，获得"知识值"。教师在指导学生复习时，不能仅仅停留在知识罗列的层面上，更要重视挖掘知识与知识、知识与生活间的联系，向学生呈现知识与生活密切相连、具有挑战性的问题，从而提高学生动手解决实际问题的能力。

（2）复习课教学设计的方法。为了达成小学信息技术复习课的目的，又不落入常见的一些误区，在复习的过程中，应积极引导学生在情境创设中激活原有的知识点，充分调动学生的主观能动性，在问题解决过程中主动构建知识。

第一，激活已有知识点。激活的目的是帮助学生回忆并复习先前所学习的主要知识点。为此，教师应着力创设生活化的情境，在解读情境中自主重现"知识点"，建立知识与现实生活的联系，从而引发学生的复习兴趣，延续学习兴奋点，引导学生进入积极的复习状态。可以通过提问、作品分析、闯关等方式来帮助小学生激活原有的知识，从而达到重现知识点的目的。

第二，梳理知识点。只有将知识结构梳理清晰，学生才能将原有的知识点串联成一条条知识链，进而形成完整的知识结构体系。梳理的方法有很多，可以通过概念图等工具整理知识点之间的关系。信息技术复习课一般而言知识点容量大，操作步骤繁多，学生已掌握的知识比较零散，知识间逻辑关系不清晰，没有良好的认知结构，很难快速进行有效的复习。概念图工具正好能帮助我们解决这些问题，通过它，可以避免复习中的盲目性，师生共同将分散的各知识点组块进行系统梳理，并找出各知识点之间的内在联系，促进知识的系统化，加强学生对所学知识的全面理解，有助于学生对所学内容的进一步内化，从而建立一个有效的知识系统。在任务完成后，学生可以通过概念图再次回忆参与学习的过程，整理解决问题的思路，利用概念图将完成任务的过程直观形象、结构清晰地表现出来；浓缩知识结构，加强学生对知识的整体把握及问题解决过程的把握，使得专题内容模块化，学生的思维过程显性化，解决问题的方法清晰化，从真正意义上完成知识的建构。师生共同构建一幅专题概念图，丰富的图像、紧凑的内容，会节约学生复习的时间，切实提高复习的效率。

第三，应用知识点。知识体系的形成，归根结底是为了让学生能将已掌握的知识应用于实际，提高动手解决实际问题的能力，这也是信息技术复习课的另一个重要学习目标。为了实现这一目标，可以通过提供新的应用情境或者任务，在解决这个任务的过程中，引导学生获得解决问题的一般方法。

复习课中，教师应充分发掘知识点之间的联系，设计与学生生活密切相关的任务，任务的难易要适当、要求应具体，各任务之间还要相互联系，形成循序渐进的梯度，组成一个任务链，以便学生踏着任务的阶梯去建构知识。教师任务的引出、任务梯度的设计实施过程将直接影响教师教学的有效性。

复习课上更应注意突出学生的主体性。教师应该将更多的时间交给学生，适时进行疏导和点拨，引导学生沿着主线完成任务。学生变过去"被动"的学为"主动"的学，变"要我学"为"我要学"，积极参与知识与技能的回顾、归纳和整理的全过程，充分发挥学习的自主性。学生也可以在互帮互助的合作学习中完成给定的任务，或分组进行归纳与总结。

第二节　中小学信息技术课程的教学评价

一、中学信息技术课程的教学评价

中学信息技术课程的教学评价要求运用各种科学的方法，系统地收集教学过程中教师和学生的"作业"资料，按照教育测量和统计的一般原理，用统计方法加以处理来获得有关数据，然后，根据教育目标通过判断、推理、比较、归纳进行综合分析，把数据和有关信息转化为评价。

（一）中学信息技术课程教学评价的作用

1. 诊断作用

评价是对信息技术教学成果及其成因的分析过程，可借此全方位了解信息技术教学的情况，从而获取教学的成效与弊端、优势与劣势等信息。教学评价不仅用来判断学生的技术水平是否达到信息技术教学目标，同时也是为了发现技术水平未达标的原因并探求解决途径。有效发挥信息技术教学评价的诊断指导作用，需要经历收集、评估、判断、验证四个步骤。

（1）收集。收集的资料包括客观性资料和主观性资料。客观性资料即在一定时间内学生的系列信息技术知识掌握与操作水平，主观性资料即学生对信息技术理论知识及实践成果的自我剖析。

（2）评估。评估所收集的资料主要从真实性和准确性两方面进行。尤其是主观性资料，因为来自学生的自我剖析，故而其可能有意或无意地遮蔽了部分真相。

（3）判断。判断是在评估资料的基础上进行诊断的思维过程。不论收集到的资料是否真实完整，都需要信息技术教师运用既有的知识和经验，进行分析、综合、联想、推理，最终对信息技术教学活动做出判断。

（4）验证。信息技术教学是一个从实践到理论再到实践的循环过程。除了在学期末的教学评价，更多的教学评价是针对某一个教学阶段。评价是否切合实际、是否能够有效指导后续信息技术实践的操作，还需要在下一阶段的信息技术教学实践中进行验证。故而信息技术教学评价本身就是一个循环往复的过程。

2. 目标导向作用

当代信息技术教学强调以学生为中心，赋予学生较高的学习独立性和自主性，尤其在实际操作过程中充分体现了学生的主观能动性。故此，在教学评价开始之前将评价的具体标准告知学生，使他们知道教师或其他同学依据什么来评价其学习结果，有助于学生自行调节学习方法、反思学习过程、明确努力方向，从而加速达到信息技术教师预设的教学目标。

在现实教学中，信息技术教师的"权威"形象是发挥教学评价目标导向功能的决定性因素。只有学生对教师评价笃信不疑，评价中显露或暗藏的价值取向才会影响学生的后续学习。目标导向功能的正常发挥，还有赖于信息技术教师选择适宜的时机，以适宜的方式将自己的评价信息传递给学生。用含蓄的肯定代替直接的表扬，用委婉的评述代替严厉的批评，便是一种评价手段，在目前崇尚"鼓励教育"的形势下，我们要切实把握好"鼓励"的内涵意蕴，失度、失实、失准的鼓励是不可取的。

3. 强化激励作用

科学合理的教学评价可以调动学生的创作热情，激发学生的情感体验。情感心理学认为，在人的所有行为活动中，情感起了放大内驱力的作用。深谙教学之道的信息技术教师会通过高明的教学评价让学生有所启发，从而对他们的信息技术学习产生巨大的情感激励作用。强化激励功能具体体现在以下三方面：

（1）内容激励。在马斯洛"需要层次论"中，尊重的需求和自我实现的需求是高级的需求。教学评价的情感激励可以使学生被教师要求进行信息技术学习的外在动力转化为学生自我需求进行学习的内在动力，同时可以促进师生相互尊重的良好关系。

（2）过程激励。过程激励包括微观的完成某一具体知识学习或实践操作和宏观的整个期间的信息技术学习两个层面。经常性教学评价中包含的教师的美好期望可以对学生产生巨大的激励作用。

（3）后续激励。肯定性和否定性评价会影响学生某种创作思维和行为（无论优劣）在今后是否再次出现或出现的频率。帮助学生正确归因的教学评价可以发挥积极的后续激励作用。

4. 反馈调节作用

教学评价使信息技术教学过程成为一个可以得到即时反馈并及时调节的可控系统。信息技术教师设计和实施的教学活动以一定的实践创作任务为指向，而教学效果如何则需通过学生的具体操作实践来体现。教学评价为信息技术教师提供了获取真实有效信息的主要途径。通过评价，教师可以了解学生对信息技术知识的掌握和运用以及实际操作能力的发展水平，从而为后续的教学活动确定合理的内容、合理的进度、适合的方法以及科学的目标。学生从教师那里获取对自身理论知识的掌握程度及实际上机操作水平的评议，明确信息技术教学目标达成度的情况，进而改善自己的学习方法。反馈调节并不是教学评价的目标，而是为信息技术后续教学活动提供具有良好信度和效度的参照。

（二）中学信息技术课程教学评价的原则

全面掌握信息技术教学评价的功能与原则，提升信息技术教师的理性认知，有利于充分发挥教学评价的作用，进而实现信息技术教学活动的不断增值。

中学信息技术课程教学评价既可能产生积极作用，也可能具有负面效应。因此，信息技术教师为了促进教学评价正向功能的发挥，必须根据信息技术教学的规律和特点，遵循一定的评价原则。

1. 教育性原则

教育性原则强调在进行教学评价时不能单纯地将注意力集中在信息技术专业评价上，而应将人的全面发展作为评价的终极指标。教育性原则可分为两方面：一是以发展的眼光看待学生的成长；二是学生的全面发展。前者是后者的必经之途，后者是前者的应然之果。

贯彻"发展的眼光"就要着眼于学生的动态性变化，关注他们上机操作水平的波动，实现调动学生信息技术理论学习与实践操作积极性的评价旨归。"发展的眼光"要求教师避免形成恶性的循环证实。循环证实，即指由于甲方情感的偏失导致乙方的情感偏失，乙方的偏失反过来又加强了甲方偏失的程度，如此循环证实，以致陷入越来越深的偏见旋涡之中。人的外在表现不可能完全掩藏内在情感，对于成绩不佳的学生，教师以"不动声色"的方式蒙蔽敷衍是无法实现的，故而信息技术教师要从内心深处关爱每一位学生，关注每一份实践操作成果。

学生的全面发展，即通过信息技术教学帮助学生树德、启智、健体、育美、促劳、敬业、乐群，实现中国特色社会主义信息技术人才培养目标。尽管信息技术是一门具体的学科，教学中有其特殊的专业性要求，但是仅将注意力集中于专业能力提升而忽略教育的社会属性，是目光短浅、思想狭隘的表现。信息技术教学的重要目标之一是使学生具备将来在现实社会中有效生活、彰显价值的必要特性。信息技术教学评价应围绕全人教育原则，促进学生全面发展，以期达到学生个人价值和社会价值双重体现，实现生命的真正意义。

2. 客观性原则

客观性原则强调在进行教学评价时要依据公开的标准和方法，评价者不能主观臆断或掺杂私人情感，评价的过程应秉持公平公正的态度。倘若教学评价缺乏客观性，就会得到错误的评价结果，进而导致舛讹的教学决策。

在评价标准、评价方法和评价态度三者中，评价态度在客观性原则的保持上最易出现偏差。教师在评价过程中要努力克服"晕轮效应"（晕轮效应，就是在人际交往中，人身上表现出的某一方面的特征，掩盖了其他特征，从而造成人际认知的障碍。在日常生活中，"晕轮效应"往往在悄悄地影响着我们对别人的认知和评价）带来的负面影响。现实中，信息技术教师往往会认为信息技术理论掌握扎实、上机操作实践能力强的学生具有良好的综合素养，他们每一次理论与实践都会得到教师更多的关注和更好或更精心的评价，即使偶尔表现不佳也会得到教师最大限度的谅解；理论掌握不好、上机操作实践能力不强的学生则相反，他们不但得不到教师的青睐，甚至在有良好的表现时也会被教师怀疑。类似的教学偏见违背了客观性原则，必然导致无意义的教学评价。信息技术教师欲克服偏见，为学生营造客观公正的学习和评价环境，就要竭力避免"第一印象""刻板印象"带来的负面效应，让每一堂课、每一次上机操作实践都自成体系。

3. 全面性原则

全面性原则强调在进行教学评价时要对组成信息技术教学活动的各个方面进行多角度、全方位的评价，而不能片面地看待问题。信息技术教学任务多样、系统复杂，是由多种因素构成的综合体，教学质量会从不同侧面体现出来。只有对信息技术教学进行全面整体的评价，才能真实地反映教学效果。

（三）中学信息技术课程的学生学习评价

1. 学生学习评价的方式

根据评价的主体不同，学生学习评价方式可以分为学生自我评价、学习小组评价和教师对学生的评价，不同的评价方式有各自适宜的方法。

（1）学生自我评价。自我评价的意义主要体现在以下方面：①是学生自我认识的基本手段；②有助于学生人格的完善；③有助于学生自我管理；④是培养学生责任心的有效途径；⑤有助于学生的发展与提高。自我评价包括学生学习活动之前、展开过程之中和学习活动结束后，它贯穿于学生学习的全过程。常用的方法主要有利用核查表评价、量规评价、学习契约评价、档案袋评价等。

（2）学习小组评价。学生学习小组评价对促进学生发展和提高有重要意义。它是指以小组为单位对学生的学习和表现进行价值判断。小组评价是培养学生协作能力和合作精神的重要途径。学习小组评价的一般程序：①构建学习小组；②合理设置评价内容；③恰当选择评价时机；④确定小组评价方式。学习小组评价的一般方法有小组讨论、表现观察、评价量规等。

（3）教师对学生的评价。教师评价学生的方法有很多，在教学实践中，教师常用的评价方法主要有考查法、测验法、观察法、调查法、表现性评定和档案袋评价等。

2. 学生学习评价的方法

教学评价是教学过程的重要环节，对提高教学质量、优化教学过程具有重要作用，进行教学评价的目的是对教学过程进行适时的调整和控制，使之达到预定的教学目标。新课程标准明确提出，中学信息技术课程以培养学生的信息素养为根本目标，课程标准的制定标志着在课程结构的层面上完成了从计算机教育向信息技术教育的转变。一个设计好、实施合理的评价过程是与有效教学过程密不可分的组成部分，信息技术教师应逐步树立"教学—学习—评价"有机结合的教学评价观，确保评价对教学和学习全过程的促进作用。

（1）作品评价法。作品评价法是目前信息技术课比较常用的一种评价方法，所谓"作品评价"就是指教师根据教学目标事先给学生布置一个任务，然后在教学过程中要求学生边学边利用所学专题知识来完成一件作品的制作，在制作过程和制作完成后教师再对学生进行多方面的评价。

由于信息技术课是一门立足实践、高度综合而且注重创造、技术与人文精神相融合的课程，所以在作品评价过程中可以进行自评、互评与教师评价，力求让评价方式多元化，让学生成为评价的主体，使评价活动成为学生再学习的动力。通过这种评价方法来提高学生对信息技术的学习兴趣和意识，把信息技术作为合作学习的手段，促进学生的全面发展。

（2）档案袋评价法。档案袋评价又称"文件夹评价"，是由学生学习过程中的各种作品和评价汇集而成，分为展示学生学习进步的发展性档案袋和展示学生最佳作品的展示性档案袋。档案袋评价法旨在提供有关学生学习的实际水平，重视发展的过程，从多角度、多侧面判断每个学生的优点和可能性。

档案袋的内容不是学生单方面的原始资料库，而是学生与教师、学生与学生、学生与家长、学生与他人活动过程的结晶和成果的积累，档案袋评定依据使用目的、不同功能和具体情况而有不同的类型。

第一，过程型档案袋。过程型档案袋表现一个人一段时间内的绩效，其目的是评价一个人一段时间内在一个或几个领域的进步情况。

第二，作品型档案袋。作品型档案袋是一段时间内满足外界需求而开发的特定信息资料的汇集。

第三，展示型档案袋。展示型档案袋完全由学生负责选择自己最好的或最喜欢的作品，它里面包括学生个人在家里或学校制作的作品，它的主要使用者是学生自己，其目的是学生对自己的作品进行反思。

（3）问卷评价法。问卷评析法是以精心设计的书面调查项目或问题，向被评价对象收集信息的方法。问卷法既可以了解被评价对象的态度、动机、兴趣、需要、观点等主观情况，也可以了解被评价对象的客观性基本概况。根据回答方式，问卷项目可以分为封闭式和开放式两种。

第一，封闭式问卷项目。该类问卷项目主要用于对被评价对象的预期反应能较为准确把握的场合。封闭式问卷项目提供备选答案，被调查对象进行选择或排序。封闭式问卷的项目或问题可归纳为选择式、量表式、排序式等。

第二，开放式问卷项目。开放式问卷项目的特点是只提出问题，不列出可能的答案。适用于答案不容易收敛，或需要深入了解的场合。开放式问卷项目可分为填空式、自主回答式等。

（4）测验评价法。测验评价法是指用各种测量工具测定被评价对象的某些重要特性，从而收集到有关评价信息的方法。测验法常用来收集学生的认知发展、学业成就、学习能力等。测验是对行为样本进行客观、科学和标准化测量的系统程序。根据学生作答和评分方法不同，测验法可以分为客观题评价和主观题评价。客观题主要因为评分客观而得名，它的参考答案和评分规则在测验前就准备好了，只要依据这些规则进行评分就可以。常见的客观题类型有选择题、填空题、匹配题、是非题、概念或术语解释题等。主观题是向学生提出一些问题，要求学生以自己的答案来回答，其特点是学生可以自由发挥，常见的主观题包括论述题、证明题和设计题等。测验项目的编制具体如下：

第一，选择题。选择题是由一个用于呈现问题情境的题干和若干个提供该问题可能答案的选项组成。选择题有提问式题干和不完整陈述式题干两种。从测量的学习结果类型来分，选择题有知识记忆型、知识理解型、知识应用型等。

第二，是非题。是非题也叫"判断题"，一般用于测量学生识别一个陈述是否正确的能力，它的基本格式是呈现一个描述性的句子，要求学生对其正确与否做出判断。

第三，填空题。填空题又称"短答案题目"，要求受测试者提供合适的词汇、数字或符号来完成一个陈述。填空题的优点在于适合测量计算问题和其他以提供答案为重点的学习结果，容易编写、不易猜测答案。

第四，自答题。自答题是一种主观性测试题，允许学生在一定的限定条件下自由发挥。其主要特点在于能够深入考核，覆盖较大的内容范围，同时还能展现学生的综合能力、表达能力和创造力。自答题有多种形式，如简答题、论述题和案例分析题等，这些形式均可用来检验学生对问题的理解和处理能力。

3. 学生学习绩效的评价

在信息技术教学过程中的各个阶段对学生进行评价，是确保学生的信息技术学习获得理想绩效的有效办法。

（1）前置性评价。前置性评价是指在开展教学活动之前对学生的基础知识、技能以及情感态度等状况进行的准备性评价，也叫"诊断性评价"、"定位性评价"、"安置性评价"或"预备性评价"。

第一，诊断性评价的实施时间。作为具有准备和测定性质的信息技术教学诊断性评价，一般在新学期、新学年开始时实施，但并不仅限于此。事实上，在每一个新的信息技术教学单元或教学内容开始之前，也需要进行诊断性评价。

第二，诊断性评价的目的。信息技术教学诊断性评价的目的是确定学生接受新的学习任务的准备程度。通过诊断性评价，判断学生是否具备即将面临的信息技术课程教学目标所需要的必要条件，以便教师采取相应的措施使教学计划能够顺利、有效地实施。而技能的形成比知识习得所需要的时间长，所以，在教新的技能之前，一旦发现学生缺乏先行的技能，应及时进行补救性教学。信息技术教学诊断性评价的根本目的，是规划出可以满足不同起点水平和不同上机操作实践水平的学生所需的教学实施方案，有的放矢地将学生置于最有益的信息技术教学情境中。

（2）过程性评价。信息技术课程强调实践性、参与性，要求课程的评价不能仅仅局限在对基本知识和简单操作技能的测试上。信息技术课程评价的整体观要求在评价中把课程教学和评价进行整合，融合为一个有机的整体，贯彻到实践活动中。信息技术过程性评价以学生的学习需要为出发点，重视他们学习的过程和过程中的心理体验，强调师生之间和生生之间的交流沟通，强调多种因素在评价中的交互作用。在信息技术过程性评价中，教师的职责是发现学生的问题，纠正问题。学生在形成性评价中不是被动地接受评价而是积极主动地参与评价，是评价的主体。过程性评价主要目的是发现存在的问题、提供矫正教学的处方、调整教学活动、确认教学成果；主要评价内容为学习行为、操作过程、学生作品、能力发展、态度变化等，常见的方法有量规评价、课堂观察、电子学档等。

第一，学习行为评价。学习行为评价是为关注过程的学习评价提供数据的有效防范。根据教学目标列出需要掌握的知识点和基本技能，在教学的过程中发给学生，学生根据自己的学习情况填写，每个学生对自己做出评价。

第二，操作过程评价。在应用信息技术解决实际问题的过程中，可以全面了解学生的信息素养，包括在活动过程中所表现出来的信息技术操作水平，利用信息技术交流、合作的能力，组织协调能力以及价值判断能力等多方面的素养。它侧重评价学生的学习态度、制订计划、协作表现、独立思考能力、信息技术应用水平、学习效果等。

第三，学生作品评价。围绕特定的知识内容提出作品设计要求和评价标准，让学生根据要求完成作品设计，并依据评价标准对作品质量进行评定，进而检验学生特定技能的掌握情况。作品评价着眼于学生完成的作品，侧重评价作品的设计、创意、技术水平等。

（3）总结性评价。信息技术总结性评价是在某一阶段或某一单元教学活动结束后，为了检验学生的学习效果是否达到了既定教学目标而进行的事后评价。总结性评价注重对信息技术教学活动的整体鉴定，即教学结果的评价，因此也可称为"结果评价"。信息技术课程总结性评价主要有两种方式：纸笔测验和实践操作。总结性评价的功能具体如下：

第一，对学生的鉴定甄别、选拔淘汰功能。通过考试区分和认定学生对教学目标所要求的教学内容的掌握程度，提供选拔优秀、淘汰不合格者的依据。这是总结性评价应用最广泛，也是最受质疑的功能。

第二，对教学和学习的反思功能。通过比较总结性评价的结果和教学目标来对教学过程进行分析和反思，从而使教师发现教学中的遗漏或失误，为以后在教学中弥补和改进提供参考；掌握学生目前的学习水平，在制订未来的教学计划时能做到有的放矢。

第三，对教师教学能力评定的参照功能。在对教师教学质量进行评估时，可以将对学生进行总结性评价的结果作为评估的一个重要方面。因为对学生进行总结性评价的结果是在详细、统一的标准下得出的，是客观公正，而且具有一定权威性的。

（四）中学信息技术课程的教师课堂评价

课堂评价的基本思想，就是以教学目标为依据，运用可操作的科学手段，通过系统地收集有关教学的信息，对教学活动的过程和结果做出价值判断，并为被评价者的自我完善提供依据的过程。

1. 教师课堂教学评价

（1）课堂教学评价的指标。信息技术课堂教学评价指标主要包括五个方面，包括教学准备、教学内容、教学方法、教学效果、教师素质。每个指标又有具体的内容和要求。

第一，教学准备。计算机是信息技术学科中学生参与学习活动的必要工具，计算机硬件系统是否稳定、计算机软件系统是否能够正常使用、机房教学软件能否正常使用是上课的基本环境。教师根据课前预设的教学设计，为学生准备适当的练习素材、教学资料、演示范例等相关内容，使学生的学习行为更具有针对性。

第二，教学内容。教学内容是安排课堂教学设计的主要任务之一，是课堂教学评价的基本指标。教师在组织和安排教学内容时，必须紧密结合教学目标，在教学过程中做到知识教学与能力发展的有机统一，科学性与思想性的完美结合。

第三，教学方法。教学方法和教学手段的合理选择、组合运用对于实现教学目标、完成教学任务有十分重要的作用。教学有法，教无定法。教师应该敢于实践，大胆创新，根据不同的教学内容选择行之有效的教学方法，形成自己的教学特色。教学手段的选择也要根据教学的需要，恰当地使用信息技术辅助手段，以增强知识的直观性、形象性和立体性，加速知识的理解进程，从而提高教学效率。

第四，教学效果。教学效果评价可以从以下方面展开：

一是目标的完成。大多数学生达到教学要求，对所教知识能正确理解，灵活运用。

二是学生能力的发展实现了既定的发展目标，学生在课堂上勤于思考，善于发现问题，敢于提出问题；他们的观察力、想象力、思维能力和动手操作能力都得到了发展。

三是思想教育目标的体现。教学中渗透思想教育，收到了较好的效果。学生的好奇心、自信心、探究欲、独立性等个性品质以及情感、意志等非智力因素都得到了培养。

四是学生学习的积极性与课堂气氛。教学过程中，学生的学习积极性和主动性得到了充分发挥，学生思维积极，回答问题踊跃，课堂气氛活跃。

第五，教师素质。教师课堂教学素质指教师的教学基本功和课堂组织应变能力。具体包括：①教学基本功，即教师的教态、语言、板书等。②组织应变能力。教师要善于控制自己的情绪，很好地组织教学，驾驭课堂；出现偶发事件时能够沉着冷静，运用教育机制，因势利导，妥善处理。

（2）课堂观察与教学评价。课堂观察是指观察者带着明确的目的，凭借自身感官以及有关辅助工具（观察表、录音录像设备等）、直接或间接地从课堂情境中收集资料，并依据资料做相应价值判断的教学评价方式。具体而言就是对课堂教学过程中发生的教和学的行为进行描述，并对教和学的含义做出解释的活动。

第一，课堂观察的分类。课堂观察方法可以分为两类：定量观察和定性观察。

一是定量观察。定量观察也称"结构观察"或"系统观察"，它是运用事先准备的一套定量的、结构化的记录方式进行观察。定量观察的记录方式有编码体系、记号体系或核查清单、等级量表等。

二是定性观察。定性观察是基于一种解释主义的方法论，是研究者依据粗线条的观察纲要，在课堂现场对观察对象做详尽的多方面的记录，并在观察后根据回忆加以必要的追溯性的补充与完善。观察结果的呈现方式是非数字化的，主要是归纳法，并且资料分析在观察的过程中就进行着。它强调在充分掌握原始资料的基础上得出有根据的结论。定性课堂观察的记录方式有描述体系、叙述体系、图式记录、工艺学记录等。

第二，课堂观察的方法。

一是编码体系。较为著名的编码体系有弗兰德斯互动分析编码、S-T分析法等。S-T分析将课堂教学活动分为教师行为（T）和学生行为（S）两类，通过对教学过程的实际观察（或观看录像资料），以一定的时间间隔对观察的内容进行采样，并根据样本点的行为类别，以相应的符合 S 或 T 记入，由此构成 S-T 时间序列数据，并以此为基础展开分析。

二是记号体系或核查清单。记号体系或核查清单是反映预先列出的一些需要观察并且有可能发生的行为，观察者在每一种观察的事件或行为发生时做个记号，其作用就是核查所要观察的行为有没有发生及发生的频率。

三是等级量表。等级量表是以数字作为描述观察对象的格式，观察者在一段时间内对目标进行观察，当观察结束时，在量表上对其间发生的目标行为按照预设的分类评以相应的等级。

四是描述体系。描述体系是在一定分类框架下，对观察目标进行的非数字形式的描述。它是一种介于纯定量观察与纯定性观察的中间状态。描述体系往往抽取较大的事件片段，对行为的多方面进行记录。

五是叙述体系。叙述体系是定性观察的主要形式。它没有预设的分类，通常是事先抽取一个较大的事件片段，边观察边细致地描绘真实的课堂场景，可加上观察者的解释与评论。主要记录方式有日记、逸事记录、样本描述、田野笔记等。

六是图式记录。在质化观察中一种更为直观的记录方式，即用位置图、环境图的形式直接呈现相关信息。

七是工艺学记录。使用录音、录像、照片等电子形式对所需研究的行为事件做现场的永久性记录，如对公开课等进行录像存档，就属于工艺学记录。

2. 教师评价具体实施

（1）教师评价的实施要求。

第一，教师评价要坚持"全面性"。所谓教师评价的"全面性"，是指要做到全程评价、全面评价和全员评价相结合。全程评价是以动态发展的观点对教师及其工作过程进行连续的评价；全面评价是将素质、工作过程和工作成果进行综合评价；全员评价是指学校全体信息技术教师都是评价对象，全校教师、学生都可参与评价。

第二，教师评价要坚持"三重"。所谓"三重"，是指教师评价要重事实数据、重信息反馈、重第一手材料。重事实数据，就是对可量化的内容要有数量的记录和资料的积累；重信息反馈，就是对有些周期性较长、难以量化的工作，可以通过发扬评价的民主性，广泛深入地听取学生、家长和教师反映的意见，获得有关信息；重第一手材料，就是学校领导要深入教学第一线，通过听、看、查直接掌握第一手材料，取得评价教师的发言权。

第三，教师评价要坚持"四结合"。所谓"四结合"，是指教师评价要坚持平时检查和期中、期末评定相结合；查阅资料数据和信息反馈相结合；发扬民主和领导集中相结合；自我评价和他人评价相结合。

（2）教师评价的实施标准。教师评价的关键是建立教师评价标准，它既是进行评价的依据和尺度，又是教师工作的指挥棒。如果标准建立得不合理、不科学，就会给教师以错误的引导，影响学校的教育教学工作质量。因此，确定教师评价的标准必须考虑教师工作质量的基本要求，必须顺应教育改革的要求，这就要求我们依据不同的评价内容，分别制定不同层次的评价标准，做到相对评价标准和绝对评价标准相结合，建立比较科学的教师评价标准。下面以教师教学工作过程的评价为例，说明评价标准的界定。

教学态度主要看平时能否坚守教学岗位，准时上课、下课，不任意缺课、串课，能否严格执行教学大纲，能否掌握教学的进度；是否重视运用教学媒体（计算机网络、多媒体视听双向互动交流）等手段；板书是否有计划，字迹是否工整；布置作业的数量是否恰当，内容是否具有典型性和代表性；是否熟悉学生的情况；是否符合教学常规的要求；是否积极主动进行教学改革。

教师教学工作的质量标准是指教学工作优劣的程度，它是教学各环节工作质量的总和，是完成教学任务和取得良好教学效果的保证。教学工作质量评价是教师评价的内容，按教学工作的基本环节，具体分为备课、上课、作业批改、课外辅导、课上活动和教学辅助工作等内容，我们要以此逐项逐条地制定详细的评分标准，建立教师教学工作质量的评价指标体系。其中备课可细分为制订教学计划、个人备课、设计教案和集体备课四个方面。个人备课和集体备课还可以从态度、作用和效果的角度制定更具体的评价标准。上课的评价标准具体如下：

第一，教学态度明确，符合大纲、教材要求和学生实际，有明确的培养目标，寓思想政治教育于教学之中。

第二，教学内容面向全体学生，讲授知识准确，突出重点，讲清难点，精讲巧练。

第三，课堂教学结构有所创新，教学方法有所改革，如以建构主义为指导，创建以教师为主导、以学生为主体的双主结构。

第四，教学艺术性强，合理安排教学过程，充分利用现代教学媒体的教学手段。

第五，教学效果好，师生双边活动协调，教师完成了课堂教学任务，学生形成了良好的学习方法。其他方面，如作业可分为作业的布置、批改、讲评和指导四个部分。课外辅导和课外活动从目的、内容、实际状况和效果等方面，教学辅助工作从教学科研、考试命题、听课评课和文化业务学习及进修等不同角度分别制定评价标准。

（3）教师评价的实施形式。教师评价的关键在于坚持标准，科学考核。要科学考核就必须研究考核的形式，选择相应的评价形式是实际评价的重要条件。

第一，教师自我评价。教师自我评价是教师评价的基础和前提。通过教师自评可以吸引教师参与考核，增进考核内容的客观性、真实性；有助于使教师认识自我的优缺点，以改进工作，提高教育质量。

在中学信息技术教学的全过程中，教师要经常检查各项评价指标的到达度，及时弥补薄弱环节；期末教师要结合总结工作，按照指标要求写出总结，并对每项指标写出自评分，注明每项指标的得分理由和失分原因，填入自评表。然后，实事求是地在小组里进行总结汇报，要用事实、数据和典型事例说明。平时，教师要将自己总结的教改经验、计算机辅助教学软件、辅导的课外活动、辅导学生参加各种信息学或信息技术竞赛的获奖情况等进行登记，以此作为评价的重要依据之一。

第二，教师相互评价。教师相互评价是发扬民主、进行教师考核的主要形式，是在教师自我评价的基础上，以教研组或年级组为单位进行的相互考核或评价。考核的方式可以是面对面的集体评价，也可以是背对背的评议。

要增强教师相互评价的有效性，就要克服"关系学"等不正之风的影响，避免从感情、印象出发，在相互评议中，要注意考核比较教师工作的好坏、工作成绩的大小、业务水平的高低，这样才会实事求是地评价，才能区分出每个人的成绩、态度、能力的差别，做出客观公正的分析与结论，真正发挥评价的作用。

第三，学生对教师的评价。学生评价是考核教师教学态度、教学水平和教学效果的一个有效渠道，其形式主要有：一是召开学生座谈会。参加座谈会的学生是随机的，不能有意选择。二是问卷调查。问卷调查知识面宽、内容广，具有普遍性的优点，评价意见容易接近真实情况。三是空栏式意见调查表。学生按栏目所提问题发表评价意见，内容比较广泛，不受约束限制。

通过学生评价进行考核，其目的在于广泛听取学生对教师教学工作的意见。比如收集教师进行教学工作的常规资料；了解教师教学工作的态度、突出事例或特征性表现；听取学生对教师教育教学工作的看法、意见、建议和要求等。

第四，领导日常监督检查。日常监督检查是经常性的直接考核手段。它具有分散、及时、灵活的特点，是学校领导进行全面质量管理的一种基本形式。

日常考核是集中考核的基础，而集中考核是日常考核的发展和深入。这种集中考核一般有以下形式：①学期或学年末的全面考核工作；②评优奖励前的绩效态度考核；③提拔晋升前的素质、能力和绩效考核；④教育培训前的学识水平考核等。总而言之，考核目的、要求不同，考核的内容和重点不同，所收到的考核意见就不同。

二、小学信息技术课程的教学评价

教学评价是指以学习目标为依据，制定科学的标准，运用一切有效的技术手段，对教学活动的过程及其结果进行测定、衡量，并进行价值判断，它是教学活动中必不可少的环节，也是教学设计中极为重要的一个组成部分，其目的是检查和促进教与学。

（一）小学信息技术课程教学评价的功能

教学评价在小学信息技术课程教学过程中发挥着许多重要的作用，一般可以概括为以下五个方面：

第一，诊断功能。对小学信息技术课程教学效果进行分析和评价，可以了解教学各方面的情况，从而判断学习目标的适当性以及教学方法的有效性。教学评价的结果为教师检验与改进教学提供区分与讨论依据。

第二，导向功能。通过教学评价使教师和学生了解所完成的任务和可能面临的问题，这将为被评价者的下一步教学或学习起到很好的导向作用。

第三，激励功能。教学评价作为对学生学习结果的反馈，可以进一步增强学生的学习动机，提高学习的积极性和学习效果。

第四，调节功能。教学评价可以提供有关教学活动的反馈信息，从而调节教与学的活动，使教学能够始终有效地进行。

第五，反馈功能。教学评价的结果为学生家长了解子女在校学习情况提供参考，以便家长尽到督促子女学习的责任，与学校和教师一起合作解决学生学习中存在的问题。

教学评价的作用还体现在各种不同类型的教学评价中，每一种类型的教学评价均有其特殊的功能。

（二）小学信息技术课程教学评价的类别

依据不同的划分标准，可以将小学信息技术课程教学评价分为不同的类型。

1. 根据评价阶段划分

教学评价并不只是在教学结束后才进行的，而是贯穿整个教学活动的始终。在教学过程中不同阶段，可以实施不同的教学评价。

（1）诊断性评价。诊断性评价也称"前置评价""准备性评价"，是指在教学之前为了解学生对学习新知识应具备的基本条件的评价，是一种为了确定学生已有的学习准备程度或者教学设计基础而进行的评价活动，一般在教学或设计活动开始之前进行。

（2）形成性评价。形成性评价是指在教学进行中为了了解学生的学习情况，及时发现教和学中的问题而进行的评价。

（3）总结性评价。总结性评价是指在教学结束后为全面了解学习目标的实现情况所进行的评价。

由于三种评价的目的不同，所使用的评价技术也有很大的差异。尤其是形成性评价由于强调对学习过程的测量，就必须使用一些反映过程特征的测量手段，如学习包或作业分析法、观察法等。而在总结性评价中一般以测验、考试的方式进行。另外从评价的执行者来说，总结性评价主要由教学或设计活动以外的人来承担，而形成性评价则由承担活动的人自己来进行。

2. 根据评价取向划分

教学过程与教学结果是密切联系在一起的，传统的教学评价大多与最终的结果判断相关。但从教育的本质来看，学生的学习过程更为主要，因此必须重视学生学习过程的评价。

（1）过程性评价。过程性评价着重于测量和评价学生的学习情况，即采用特定的测量程序和方法对学生的学习过程、使用的学习策略以及学习各阶段的成效进行评价。过程评价常常由实施者自己来进行，它经常表现为一种自我评价和自我反馈的活动。

（2）结果性评价。结果性评价主要关心和检查教学活动或项目实施之后的结果，它可能会直接与事先确定的学习目标进行对照，从而判断教学过程的教育价值。

过程性评价可以同时考虑实际发生过程及情境条件，而结果性评价通常难以再现学习活动、研究活动发生的情境，因此过程性评价可以更好地帮助研究者和教师了解学习过程。

3. 根据评价基准划分

（1）相对评价。相对评价是在被评价对象的集合中选取一个或若干个体为基准，然后把各个评价对象与基准进行比较，确定每个评价对象在集合中所处的相对位置。

（2）绝对评价。绝对评价是在被评价对象的集合之外确定一个标准，这个标准被称为"客观标准"。评价时把评价对象与客观标准进行比较，从而判断其优劣。评价标准一般是课程标准或教学大纲以及由此确定的评判细则。

在小学信息技术教学中，评价是为了促进学生的发展。教学评价要重视教学效果的及时反馈，评价的方式要灵活多样，要鼓励学生创新，主要采取考查学生实际操作或评价学生作品的方式。因此，评价标准要体现多元性、发展性、全程性，适应不同个性和能力的学生，帮助学生了解自己的学习水平和能力，鼓励每个学生在原有的基础上提高学习的兴趣和综合能力。

（三）小学信息技术课堂教学评价的导向

传统的结果性评价方式是以考试为主要方式、面向结果的评价，强调的是评价的鉴别与选拔功能，存在很多问题。首先，结果性评价关注学生的学习结果，过分强调了评价的区分、选拔与鉴别功能，弱化了评价所应当具有的改进、激励功能，评价成了"鉴别学生信息素养优劣""向有关人员或部门汇报"的工具。其次，结果性评价的过程主要注重陈述性知识的回忆，将信息技术技能拆分成孤立的知识片段，而对思维、技能、品质、作品等对于学生具有启发性的方面很少进行关注。再次，结果性评价忽视信息技术课的根本特点——实践性，过多地强调信息技术理论知识，以传统的考试方式，代替信息技术教学的评价，忽视考查学生信息素养的提高和全面发展。最后，这种结果性评价以学生的最终考试结果为评价依据，直接评价学生作品成果的优劣，而很少考虑到学生在学习过程中的体验和收获、学习能力的获得、作品设计的思路创新与过程等方面，也很难考查学生的创造力和想象力，不能及时有效地根据实际情况调整教学内容。

小学信息技术课程的教学评价，应当关注每一个学生的发展，围绕知识与技能、过程与方法、情感态度与价值观的目标进行评价，特别是对过程与方法、情感态度与价值观的评价要有明显的体现，它应以学生的学习过程为考查对象，承认学生的个体差异，着眼于学生的个体学习与发展。评价时应关注以下四个方面：

第一，重促进，轻选拔。强调教学评价对教学的激励、诊断和促进作用，弱化评价的选拔与鉴别功能。一方面通过评价帮助学生明确自己的进步、不足和努力方向，促进学生进一步的发展；另一方面，利用评价结果改进教学，发挥评价与教学的相互促进作用。尽量避免给学生贴标签或排名次，弱化评价对学生的选拔与鉴别功能。

第二，评价注重层次性。积极友好的评价可以帮助学生树立自信心；反之，则会让人陷入更深的自卑之中。在教学中，对不同层次的学生应注意评价策略，尤其应关注每个个体的进步和潜能，以保护学生的自尊和学习热情，帮助他们建立自信。

第三，评价注重互动性。教学评价是评价者与被评价者之间互动的过程。可以从教师评价、学生自评和互评、学生与教师互动评价等层面进行。例如，在作品创作后，可以引导小组自评和互评等。

第四，评价注重过程。教学评价应把教学过程与评价过程融为一体，应该是多元的，既要关注结果，更要关注过程。例如，将学生平时的信息技术作品、项目作业、实践活动报告作为考核评价的重要依据，提出可操作性评价指标体系。

（四）小学信息技术课程教学评价的方法

小学信息技术课程是一门发展迅速的课程，涉及面广，综合性强，没有现成的经验可以照搬，更没有普遍的规律可以遵循。同样，信息技术课堂教学评价的方式方法是多元化的，没有一个固定的模式，需要广大教师、教学研究人员不断地努力与探索。当前在学校中较普遍与实用的教学评价方法具体如下。

1. 档案袋评价

档案袋评价是在 20 世纪 80 年代西方中小学评价改革运动中形成和发展起来的一种质性评价方式。它是根据教育学习目标，有意识地将各种有关学生表现的作品及其他证据收集起来，通过合理的分析与解释，不但反映学生在学习与成长过程中的优势与不足，也反映学生在达到目标过程中付出的努力与进步，并通过学生的反思与改进，激励学生取得更好成就的评价方法。其主要内容包括学生本人、教师或同伴做出评价的有关材料，学生的作品、反思还有其他相关的证据和材料等。

档案袋评价是一种以学生为主体的教学评价方法。在学生的课堂学习测评中，应将学生自身的积极主动性发挥出来，把学生自己作为测评的直接参与者。利用档案袋进行评价最大的优势是向教师、家长和学生展示出一个真实、丰富的学习过程，最大限度地提供有关学生学习和发展的重要信息；而且，学生作为成长档案袋评价的主人，能够通过自我反思和自我评价，加强学习过程中的能动性。

（1）档案袋评价的类型。按照不同的分类标准，可以将档案袋评价分为不同的类型。按照形式的不同可以分为：光盘档案袋、磁盘档案袋、网络档案袋等；按内容则可分为：教学型档案袋、学业型档案袋、艺术作品型档案袋等。目前，一般根据评价目的将档案袋分为三类：成果型档案袋（展示型档案袋）、过程型档案袋（进步型档案袋）和评估型档案袋。

成果型档案袋需要分阶段选取学生的最高成就作品，至于阶段的划分，教师完全可以根据需要或自己的教学进度来确定。一般认为这种档案袋特别适合低年级的学生，可以对低年级的学生起到很好的激励作用。

过程型档案袋又叫进步型或工作型档案袋，它通过比较不同时期的学生作品来显示学生的进步。收集的作品不需要是最好的，也不需要制定严格的标准去选取学生作品，如果有必要，可以把草稿等作品都收集进来。另外，过程型档案袋可以反映学生进步过程中的优势和不足，有助于教师对学生进行评价。同时，过程型档案袋评价注重学生的自我评估，帮助学生反省自己作品的数量和质量，教师和家长可在这一过程中给出适当的指导建议。

评估型档案袋又被称为通行证型档案袋，换言之，这种类型的档案袋就像一份官方许可，决定学生是否可以开始下一个教学任务或水平。因此，这种档案袋着重点不是学生自我评估，需要有一些严格的规则来决定档案袋收集什么、收集的标准是什么以及如何评估。前两种档案袋都可以收集一些超出课程内容的作品或资料，而评估型档案袋内容的选择必须严格依据课程，以反映学生在课程领域内的掌握程度究竟如何。一般而言，评估中所使用的选取标准或评分标准非常重要，必须保证不同的评分者之间误差较小。这种档案袋在课堂教学评价中很少用。

在实际应用中，教师也可以尝试建立能够同时满足多种目的的集合型档案袋，如可以在用作评估的档案袋里选取一定阶段能代表学生最高水平的作品进行展示。

（2）档案袋评价的设计。档案袋评价的设计可按如下步骤进行：

第一，决定建档目的，即建立档案袋的主要用途何在。档案袋在课堂教学中能达到的目的有：展示学生的最优成果，促进学生的进步；评估学生学习与发展的水平；向家长、其他教师传递信息；评价某项内容学习的程度如何；展示已经完成的内容；判定一门科目的等级。

第二，确定评价主体、评价对象及评价内容。在使用档案袋测评学生的学习发展中，需要学生本人、学生家长、教师及同伴多方面的配合，动员这些人形成团队，并根据档案袋要反映、评价、促进学生的哪一方面发展共同讨论并确定评价内容。档案袋的内容具体体现在记录袋的封面上，封面上的栏目由师生协商确定。

第三，确定要收集的内容，即确定哪些成果放入档案袋，每种成果要多少样本。档案袋不是简单的文件夹，其中的材料应依据特定目的而收集。如果创建档案袋的目的是展示学生的最优成果，那么收集的内容应是学生认为最满意或最重要的作品；如果创建的目的是评估学生学习与发展的水平，那么收集的内容就要结构化或半结构化，以便在不同学生之间进行比较。

第四，确定评价的标准，让学生知道对作品的要求及他们的作品怎样被评价，根据需要可采用等级或分数进行评价。

第五，明确如何使用档案袋，即在教学与交流中怎样发挥档案袋的作用，使其服务于教学。

档案袋评价也存在一些局限性。首先，档案袋评价的技术投入运作需要教师有较系统的教育评价理论修养，尤其是档案袋评价技术的基本了解与掌握；其次，档案袋评价需要学生和教师付出比传统纸笔测验更多的时间与精力；再次，档案袋评价的标准化与客观化程度较低，因而带来评价的信度和效度有时难以保证；最后，档案袋评价技术的应用，往往需要有一定的经费投入，这也可能给学校经费预算以及学生家庭经济带来一定的困难。因此，档案袋评价只是多元评价的方法之一，不能取代其他评价技术。

2. 评价量规

评价量规通常是一个二维表格，它会从与评价目标相关的多个方面详细规定评价指标。量规并不是全新的概念，在传统的教学评价中，特别是在评价非客观性的试题或任务时，人们已经自觉不自觉地应用了这种工具。例如，教师对学生作文的评价，往往会分别就内容、结构、卷面等方面所占的分数给予规定，以便更有效地进行评价。目前，教师使用量规的自觉性和规范性还远远不够。在表现性评价等非传统评价方法中，量规的运用更为普遍。

由于信息技术教学中往往是真实任务驱动的，最后的学习结果主要为电子作品。这就要求评价工具不但要关注学习过程，还要具有操作性好、准确度高的特点。

（1）评价量规的基本类型。

第一，核查表。最简单的量规类型是核查表，它是一个包含了学生表现的各种特征的简单列表，它们通常用"是"或"否"来判断，或提供一个地方给评价者做记号以表明某种特征的出现。它没有关于表现质量水平的判断，这些特征可能呈现出来，也可能不呈现。当评价简单的表现时，如同伴观察或学生自我观察，核查表是很有用的。它们也可以用于评价学生日志，因为日志不要求教师对日志内容的质量进行判断，而是要看学生是否按照教师提供的写作提示，表达了真情实感。

核查表相对容易编制，也比较容易管理。核查表内容应该容易被理解。核查表常用于及时评价，所以也要求简洁、紧凑。它们对过程或表现质量（如关键要素）的评价是非常有用的。

第二，分值系统。分值系统很像一个核查表，但一个重要的区别是，描述的每一条评分指标都分配了具体的分值，评价者能通过给予更多的分值来表明哪一条评分指标更重要。如果和核查表相结合，分值系统量规是较容易编制的。

当教师运用分值系统量规评定其中某个特征下每条指标的得分时，如果没有描述依据怎样的表现得到某一具体的分值的话，就会出现问题。当试图开发一个更清晰的评价时，教师可能会凭着经验列出几个包含在被赋予分值的表现特征之外的组成部分，如果漏掉某一特征的某些要素，教师在标示那个特征的分值时，就已经出现了问题。避免这一问题的方法是采用集体开发形式编制量规。

第三，分析性量规。分析性量规与核查表和分值系统量规不同。它要求评价者对描述的每一条评分指标的质量做出判断。以前，只有当某个特征完全展示出来才给予评分，但现在，只要一个特征的基本面貌呈现出来就可以给予评分了。因为对所描述的每一条评分指标的呈现程度进行判断太费时间，所以一些特征通常采用分析性量规。分析性量规有两种类型：定量的分析性量规和定性的分析性量规。定量的分析性量规用数量表示所描述的每一条评分指标的呈现程度，这个数量应当用词和短语来界定。定性的分析性量规用言语描述不同的水平。虽然任何水平都能用数字描述，但通常这只是一个数字。而运用定性的分析性量规，评价者被迫对表现质量的水平进行判断，而不是简单地判定中间分数。

第四，整体性量规。整体性量规也是用言语描述表现特征的评价标准。相对于分析每一个特征并单独地给予评分，整体性量规把学生的表现看作一个整体，给表现和结果（作品）判定一个单一的得分。整体性量规为量规的每个水平编写了一段包含有不同特征的描述，所有的表现特征都达到某一质量水平，才能得到该水平的得分。如果一条或两条评分指标没有达到该水平，只能给予低一级水平的得分。整体性量规典型地用于总结性（终结性）评价，评价后学生没有机会返回并改进自己的表现。它们通常适用于学期末评价，或只需给予单个得分的分数等级评定。正因为只需进行单一的判断，所以，它们比分析性量规使用起来更加便捷。

使用整体性量规的不足之处在于学生很少处在每个特征或所描述的评价细目的单一的水平之上。对教师来说，当他们知道学生的部分表现实际上已处于高一级水平时，很难给予学生低一级水平的得分。整体性量规对学生解释起来也较困难，当学生得到一个分数时，他们不知道自己的部分表现是否已高于所给予的得分，这就是整体性量规通常不用于形成性评价的原因。

（2）评价量规的制作要素。概括起来，评价量规具有以下基本要素：①评价准则：制定表现性任务、行为或作品质量的各个指标；②等级标准：说明学生表现任务中处于怎样的水平；③具体说明：描述评价准则在质量上从差到好（或从好到差）的序列，评价准则在每个等级水平上的表现是怎样的。

3. 人物推定法

在有些方面，学生常比教师更了解同学之间彼此的长处和不足。事实上，同学间所发生的某些细微的内部活动和变化，教师不一定比同学更清楚。同伴评定至少可以修正教师的评价结论或增加教师评定的自信心。同伴评定常用方法是人物推定法。在对学生的发展性评价中，人物推定法是一种最实用的方法。

人物推定法是由同伴按要求推举出具有某种特征人物的一种简单的评价方法，其方法是：简要地向每位学生提供一系列行为描述，要求他们写出与每项描述及要求最相宜的同学名字。这些同学的人数可以限定 1 人，也可以限定若干人。这些行为特征与品质可以是正面特性指标，也可以是负面特性指标，要根据实际情况来选择。应用人物推定法时，前提条件是学生之间有着一段较长时间的相互观察、相互接触、相互了解的过程；并且事先要设计一个简表，便于学生使用，并要说明清楚。

4. 逸事记录

所谓"逸事记录"，是教师在对学生活动的观察中所获得的有效事件的真实记录。每一真实有效的事件，都在其发生后不久便被记述下来。一般而言，能进一步说明教育过程所期望的学习结果的事件，自然应当记录下来。此外，那些独特、异常的或例外的事件，也应当记录下来。不过，由于教师面对人数众多的学生，在时间与精力上无法把各方面的有效事件都记录下来。从实际出发，教师需要更好地把握这些原则：其一，把观察和记录限定在其他方法所不能评价的某些重要行为领域；其二，尽可能把广泛的行为观察集中在那些特别需要帮助或特别需要增加评价信息的学生身上；其三，对一些典型、偶发、例外、独特的事件进行记录。

逸事记录的最大优点在于它描述的是自然情境中的实际行为，对于描绘学生最本质的行为特性可能有重要的帮助。当然，逸事记录也有一些局限性：其一，系统的逸事记录要耗费教师大量的时间；其二，事件具有偶发性、特定场合性，使得逸事的记录可能缺乏客观性和本质性。为了提高逸事记录的使用价值，须注意以下方面：

（1）要记录行为发生的情境，以便使行为的分析更有意义。

（2）对观察到的事件应尽可能及时地做好记述，并注意特殊行为。

（3）一般在收集一定量的记录后才能推断学生的典型行为。但对不可重复的一些典型行为，如见义勇为的行为，或拾重金而不昧的行为，则应该赋予事件一种特殊意义。

（4）正反面事件都要记述，并把事件记述和教师对事件的解释分开。

（5）所描述的事件应当是能够代表被观察学生的典型行为，或者是一种意外的、不寻常的、具有特殊意义的行为。

（6）虽然不一定要用完全句来描述事例，但整个记录仍要显得流畅、精致。

5. 学习契约

学习契约也称为"学习合同"。其实质是学习过程中一种可以不断修正的协议（契约），它赋予学生学习中的自主决定权，规定着学生在学习中必须履行的义务，并为自我指导学习的开展提供一种基本框架。协议学习的过程需要学生来诊断学习需要，创建目标，发现资源和评价学习。通过学习契约，学生对自己的学习负责，有权控制学习，并且积极参与到学习过程中来，因此，这有助于帮助学生学会学习。关于学习契约，如祝智庭教授所言，在信息化教学中，其基本原则就包括以"学"为主，以"任务驱动"和"问题解决"作为学习和研究活动的主线。为了能够让学生在完成任务和解决问题时有一个具体的目标或依据，也为了客观、合理的评价，学习契约这种评价方式是应该得到足够重视的。

第三节　中小学信息技术教学环境的搭建

一、中学信息技术教学环境的搭建

中学信息技术教学环境的搭建需要综合考虑硬件设施、软件资源、师资队伍和教学内容等多个方面，具体分析如下。

第一，硬件设施。①计算机室：建立一个或多个配备计算机的教室，确保每个学生都有接触计算机的机会。②计算机设备：购买足够数量的计算机，确保它们配置合理、性能稳定。③网络连接：确保稳定的互联网连接，以便学生能够访问在线资源。④投影设备：安装投影仪或大屏幕，以便教师能够展示课程内容。

第二，软件资源。①操作系统：选择合适的操作系统，通常是 Windows 或 macOS。②应用软件：安装必要的应用程序，如 Microsoft Office、编程 IDE、图像处理工具等。③教育软件：选择适用于中学信息技术教学的教育软件，如编程学习工具、图形设计软件等。④防病毒软件：确保安全性，防止计算机受到恶意软件攻击。

第三，师资队伍。①培训教师：为教师提供信息技术培训，以便他们能够熟练使用硬件和软件资源，以及进行信息技术教学。②更新教育知识：确保教师了解最新的信息技术趋势和教育方法。

第四，教学内容。①课程规划：设计信息技术课程，包括不同难度级别的内容，如基础的计算机操作、编程、多媒体设计等。②教材和资源：选择适当的教材和学习资源，包括教科书、在线教程和练习题。③项目和实践：促进实践和项目学习，让学生应用他们的知识解决实际问题。

第五，评估和反馈。①设立评估标准：明确信息技术课程的评估标准，包括考试、项目评估和作业。②提供反馈：确保及时为学生提供反馈，帮助他们改进和深化技能。

第六，维护和更新。①定期维护硬件和软件设备，确保它们保持良好运行状态。②跟踪技术进展：了解信息技术领域的最新发展，以及如何将其整合到教学中。

第七，安全和隐私。关注学生的在线安全和隐私问题，确保他们知道如何保护自己的信息。

综合考虑以上这些方面，可以帮助建立一个有效的中学信息技术教学环境，为学生提供良好的学习体验和必要的技能培训。

二、小学信息技术教学环境的搭建

小学信息技术教学环境主要涉及学习环境、学习资源、学习工具三个方面。

（一）小学信息技术的学习环境构建

"学习环境与学习场所、空间、支持、技术工具、信息资源、共同体、建构性学习、情况与条件、社会环境有着密切的关系。"① 学习环境是影响学习者学习的外部环境，是促进学习者主动建构知识意义和促进能力生成的外部条件，可以从以下方面来理解它：①学习环境概念中最基本的是以学习者为中心；②学习环境是一种支持性的条件；③学习环境是为了促进学习者更好地开展学习活动而创设的；④学习环境是一种学习空间，包括物质空间、活动空间、心理空间；⑤学习环境和学习过程密不可分，是一种动态概念，它包括物质环境和非物质环境两个方面，其中既有丰富的学习资源，又有人际互动的因素；⑥学习者在学习环境中处于主动地位，由学习者自己控制学习；⑦学习环境需要各种信息资源、认知工具、教师、学生等因素的支持；⑧学习环境可以支持自主、探究、协作或问题解决等类型的学习。

根据上述理解，进一步可以将学习环境细分为物理学习环境、资源学习环境、技术学习环境、情感学习环境、信息化学习环境。

1. 物理学习环境

这里的物理学习环境包含自然因素和人为因素。自然因素包括学习的自然环境，如声音、空气、光线等。这些环境影响学习者的情绪与学习动机。人为因素包括网络环境、使用计算机情况以及网络的运行状况。相对于其他课程，小学信息技术课程的物理学习环境一般为典型的计算机网络环境，对声音、光线等方面要求高，教学设计者需要综合考虑上述可能影响学习效能的因素。

---

① 王佑镁. 小学信息技术教学设计 [M]. 北京：高等教育出版社，2015：139.

2. 资源学习环境

资源学习环境是指那些与学习内容相关的信息，比如教科书、教案、参考资料、书籍、网络资源等，这些信息资源可以用不同媒体呈现，以不同格式存储，包括印刷、图形与图像、音频与视频、软件等形式，还可以是这些形式的组合。在信息环境下，信息技术课的学习资源在存储、传递、提取、加工和呈现等方面都具有更独特的优势，这也为小学信息技术课的教学设计提出了新的要求，如何有效地利用这些学习资源日益成为教学设计的一个重要内容。教师应对学习资源进行整理、数字化，优化整合信息资源，以增加其易用性和共享性，并围绕学习者的需要进行合理组织。

3. 技术学习环境

技术学习环境是支持与引导整个系统合理高效运行的重要因素，要能够激发学习者学习兴趣，各功能模块有良好的导航机制，便于学习者在学习过程中能根据学习进程进行任意选择。

4. 情感学习环境

情感学习环境主要有三部分：心理因素、人际交互和教与学的策略。学习者的学习观念、学习动机、情感、意志等心理因素对学习动机的激发、学习时间的维持和良好学习效果的获得有着直接的影响；人际交互（包括自我交互）的顺畅对学习者的自主学习起着不可小觑的作用；教学策略和学习策略直接影响着学习者的学习效果。

5. 信息化学习环境

用新技术构建的信息化学习环境，成为教学的重要组成。信息化学习环境是经过数字化信息处理、信息显示多媒体化、信息网络化、信息处理智能化和学习环境虚拟化的新型学习环境。

（1）信息化学习环境对教学活动的支持。信息技术的发展，改变了传统的粉笔加黑板这种单一的学习环境，构建了多媒体教室、网络教室、专用教室，以及校园网络环境和互联网环境，使得学与教的活动可以在各种适宜的信息化环境中展开。多媒体教室可以实现多种教学资源的随机呈现，网络教室使学生可以使用信息技术工具和网络资源进行自主学习和研究型学习（移动网络教室还可以实现不受时间、地点限制的学习活动），专用教室可以满足特殊学习活动的需要。

通过对信息化学习环境的选择，可以充分利用现有的信息技术软硬件条件，为教学活动提供支持和保障。学校中的信息化学习环境除去上述各种教室外，还包括教师电子备课室、校园网与学校主控室、录播教室、区域综合性应用平台等公共教学服务环境。

（2）典型的信息化学习环境。随着电子白板的普遍应用，带有电子白板的多媒体网络教室也逐步进入学校，应用于各学科的教学中。

第一，电子白板。电子白板，又称"电子交互白板"，是一种新的高科技电子教学系统，它是由硬件电子感应白板和软件白板操作系统集成。电子白板集传统的黑板、计算机、投影仪等多种功能于一身，使用非常方便，可以实现无纸化办公及教学。电子交互白板技术为课堂互动、师生互动、生生互动提供了技术可能和方便，为建立以学生学习为中心的课堂教学奠定技术基础。交互式电子白板具备超越黑板的一些功能，包括随意书写、画图、批注重点、使用或编辑丰富多彩的电子课件。在教学中的应用主要体现在以下三个方面：

一是无须粉笔或鼠标。教师和学生使用白板笔甚至手指，可以完全替代传统粉笔的功能，这样既可以避免粉笔产生的各种危害，又节省了资源，全面实现健康、环保、节能的教学模式。

二是丰富多彩的多媒体资源。利用交互式电子白板可以使用丰富多彩的多媒体资源，并且可以随时书写或标注。教学过程可以轻松保存成教学录像发给学生，学生无须边听讲边做笔记，教师之间也可以相互交流和研究教学录像，提高教学水平。

三是强大的计算机多媒体工具。利用交互式电子白板扩展、丰富了传统计算机多媒体的工具功能，提高了视听效果。电子白板有拖放、照相、隐藏、拉幕、涂色、匹配、即时反馈等功能模块，展现出的精彩的视觉及听觉效果能提高学生的注意力和理解力，激发学生的兴趣。

总而言之，性能稳定、先进的交互式电子白板系统，有助于实现真正意义上的互动式教学模式。

第二，白板多媒体教室。典型白板多媒体教室由交互式电子白板和计算机软件、资源库、投影设备、扩音设备、计算机等组成。在信息技术教学中典型的教学应用模式如下：①教师通过交互式电子白板展示学习情境、学习内容和范例；②教师通过交互式电子白板提出小组协作任务要求；③学生通过交互式电子白板完成协作任务；④教师及时修改完善小组学习成果；⑤交互式电子白板记录、展示小组的协作结果。

（二）小学信息技术的学习资源设计

1. 教学媒体资源

教学媒体资源是指经过数字化处理，可以在计算机或网络环境下运行的多媒体材料或教学系统。它能够激发学生通过自主、合作、创造的方式来寻找和处理信息，从而使数字化学习成为可能。

（1）教学媒体资源的分类。

第一，媒体素材。传播教学信息的基本材料单元，主要分为文本、图形、图像、音频等。

第二，试题。测试中使用的问题、选项、正确答案、得分点和输出结果等的集合。用于进行多种类型测试的典型成套试题。

第三，课件。两个或几个知识点实施相对完整教学的软件，根据运行平台划分，可分为网络版的课件和单机运行的课件。网络版的课件需要在标准浏览器中运行，并且通过网络学习环境被大家共享。单机运行的课件可通过网络下载后在本地计算机上运行。

第四，案例。由各种媒体元素组合表现的有现实指导意义和教学意义的代表性事件或现象。

第五，文献资料。有关教育方面的法规、条例、规章制度，对重大事件的记录，重要文章、书籍等。

第六，网络课程。通过网络表现的某学科的教学内容及实施的教学活动的总和，它包括两个组成部分：按一定的学习目标、教学策略组织起来的教学内容和网络教学支撑环境。

第七，常见问题解答。针对某一具体领域最常出现的问题给出全面的解答。

第八，资源目录索引。列出某一领域中相关的网络资源地址链接和非网络资源的索引。

不同的教学媒体资源可以支持不同的教学活动，尤其是多媒体课件、专题学习网站和网络课程，以其丰富、多样的信息资源承载形式，灵活、方便的交互特点，将越来越多地应用于信息技术环境下多元"学与教"方式之中。

（2）教学媒体资源的选择。当学习目标确定后，组织教学活动中要做的一项重要工作就是对教学媒体资源的选择。

第一，选择教学媒体资源的依据。对教学媒体的选择一般要考虑各种教学媒体资源的功能特性和教学的实际需要，将两个方面结合起来加以分析，决定取舍。具体而言，要注意以下方面：

一是依据学习目标。每个单元、每个课时都有确定的学习目标。比如要使学生知道某个概念，或明白某种原理，或掌握某项技能等。为达到不同的学习目标常需使用不同的教学媒体资源去传输教学信息。

二是依据教学内容。教学内容不同，对教学媒体资源也有不同要求。比如有的内容为抽象的结论及概念间的相互关系，则可用投影仪表现；有的内容需要反映事物或现象的运动、发展状况，那么电影、电视就是适宜的媒体。

三是依据学生的需要和水平。学习者有发展阶段的特征，他们在不同的发展阶段有着不同的认知能力和思维特点。比如小学生的认知特点是以直观形象思维为主，注意力不易持久集中，针对他们的认知特点，采用的媒体要生动形象、色彩鲜艳，这些比真实角色更能吸引学生。

四是依据特定的教学条件。对媒体的选择还要考虑技术问题，即使用某种媒体是否方便，教师自己能否操作、控制；制作问题，学校现有的条件能否提供必要的设备和软件支持；学习环境问题，即教学的地点和空间、教室内的条件是否有利于使用媒体等。

第二，选择教学媒体的方法。人们在大量的媒体应用实践中逐步总结出了一些选择媒体的方法、程式或模型，主要有问题表、矩阵式、算法式和流程图四种模型。下面主要分析问题表模型。问题表实际上是列出一系列要求媒体选择者回答的问题，通过对这些问题的逐一回答，来比较清楚地发现适用于一定教学情境的媒体。以下面的一组问题为例：①所需媒体是用来提供感性材料还是提供练习条件？该媒体是用于辅助集体讲授还是用于个别化学习？②媒体材料与学生的认知水平一致吗？③教学内容是否要进行图解或图示的处理？④视觉内容是用静止图像还是活动图像来呈现？⑤活动图像要不要配音？是用电影还是电视来展现视听结合的活动图像？⑥有没有现成的电影或录像以及放映条件？

问题表列出的问题根据实际情况可多可少。这种模型出现较早，并为选择其他一些模型提供了基础。

第三，选择教学媒体资源的程序。由于人们在选择媒体时考虑的因素不同，思考问题的角度不同，设计的选择方案也就不同，因而形成了各种各样的媒体选择程序。选择教学媒体资源的程序一般分为三个步骤：①在确定学习目标和知识点的基础上，首先确定使用媒体要达到的目标；②选择媒体类型；③选择媒体内容，媒体内容是指把教学信息转化为对学习者感官产生有效刺激的符号。媒体内容选择可通过选编、修改、新制三种途径进行。

2. 学习资源制作

（1）多媒体课件。多媒体课件是根据课程标准的要求和教学的需要，经过严格的教学设计，并以媒体的多种表现方式和超文本结构制作而成的课程软件。

作为信息技术与教育深度融合时期的教师，课件的运用与制作已经是必须具备的一种能力。面对科技飞速发展的今天，学生学习知识的多面性、广泛性、自主性对学校教育提出了更高的要求，多媒体课件的合理使用可以极大地提升教与学的效率。

第一，多媒体基本要素。多媒体教学课件中的基本要素主要有如下类别：文本、图片（流程图、表格、线图、结构图形）、动画、音频和视频等。

一是文本包含文字和表格两方面的内容。文字的大小、字体、颜色、样式甚至动态效果等都可根据需要设置或更改，多媒体课件具有文本规整、美观，显示速度快的优点。

二是多媒体课件中的图片包括图形和图像两种，如流程图、表格、线图、结构图等。图片多是由扫描仪、摄像机等输入设备捕捉实际的画面产生的数字图像，其由像素点阵构成，色彩比较丰富，层次感强，可以真实地重现生活环境（如照片），它承载的信息量比较大，通常用于表现大量细节（如明暗变化、场景复杂、轮廓色彩丰富）的对象。但图像存储文件比较大，而且在缩放过程中容易造成变形或产生锯齿。

三是多媒体课件中的动画是对事物运动、变化过程的模拟，可以用来模拟事物的变化过程、说明科学原理。动画提供了静态图形缺少的运动景象，是一种可感觉到的相对于时间、位置、方向和速度运动的动态媒体。此外，经过创造设计的动画更加生动、有趣，有利于激发学生学习的兴趣和积极性。

四是多媒体课件中的音频包括音乐、语音和各种音响效果，多是以波形音频记录声音，对记录与播放的环境要求不高，在多媒体教学软件中应用相当多。音频属于过程性信息，有利于限定和解释画面，主要用于语言解说、背景音乐和效果音。发音准确的解说、动听的音乐有利于集中学生学习的注意力、陶冶学生的情操、激发学生的学习潜力。在教学中利用音频传递教学信息，是调动学生使用听觉学习的必要前提。

五是多媒体课件中的视频是数字信号。借助计算机对多媒体的控制能力，可以实现视频的播放、暂停、快速播放、反复播放、单帧播放等。

视频具有表现事物细节的能力，适宜呈现一些学生感觉比较陌生的事物。它的信息量比较大，具有更强的感染力。通常情况下，视频采用声像复合格式，即在呈现事物图像的同时伴有解说效果或背景音乐。当然，视频在呈现丰富色彩的画面的同时，也可能传递大量的无关信息，如果不加辨别，便会成为学习的干扰因素。

第二，多媒体课件设计与开发的基本程序。为了克服教学设计与软件开发割裂的弊病，可以采用瀑布模型作为课件设计与开发的操作程序，如图3-6所示。把开发过程划分为需求分析评估、结构设计评估、程序开发评估、部件生产评估、系统集成评估和综合集成评估六个步骤。

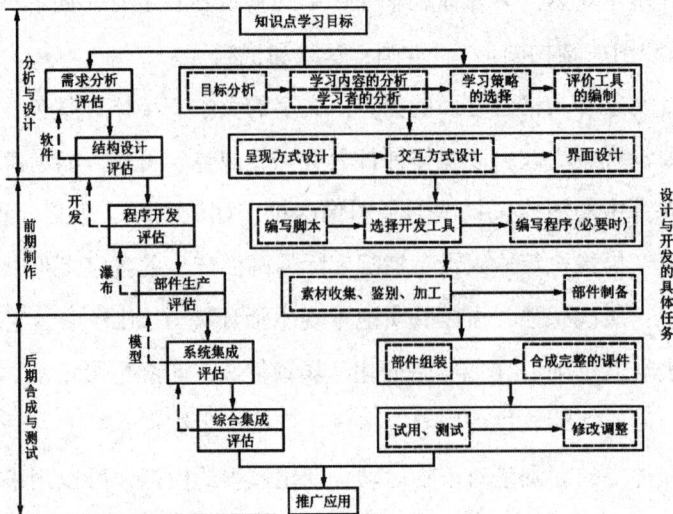

图 3-6 多媒体课件设计与开发的操作程序

多媒体课件是为了解决教学中的重点和难点而开发的，因此它是针对具体的知识点的。在需求分析评估中，先要对知识点的学习目标进行分析，在进行学习内容分析和学习者分析的基础上，认真选择和设计学习策略，编制对学习者学习过程和学习结果的评价工具；在结构设计评估中，要考虑学习内容呈现的顺序与方式，学习者与学习内容、学习环境、学习资源，以及学习者与学习者、学习者与教师的交互方式，做好课件界面的设计，以便学习者的使用。

至此，与教学设计相关的任务宣告完成。随后进入多媒体课件的前期制作、后期合成与测试阶段，具体方法和要求将在相关的课程中进行学习。

（2）微型学习资源。随着社会的发展、科技的进步，泛在学习、移动学习、个性化学习逐渐成为现实。泛在学习、移动学习、个性化学习的特点就是：不受时间、地点限制，随时随地都可以进行学习。因此，短小精简、高效的微型学习方式应运而生。

微型学习是以特定的学习目标为依据，具有时间短（一般在 10 分钟左右或更短）、内容精练（一般只涉及一个知识点或一个具体问题）等特点，是在信息化环境下，充分发挥学习者主体作用的一种学习活动。

微型学习具有以下主要特点：①微型学习容量小，目标明确，具有相对独立性；②微型学习时间短，使学生可以集中注意力解决一个问题；③微型学习内容的选择范围广泛，既可以是学科教学内容，也可以是促进学生全面发展需要的内容；④微型学习以学生为中心，重视学习情境、资源、活动的设计；⑤现代微型学习是在信息化环境支持下进行的。

微型学习由学习资源、学习过程和教学评价三要素构成。微型学习资源是经过专门设计的、内容相对独立完整的学习材料，既可能是在网络上运行的平台，也可能是传统的文本、图片等。微型学习过程既可以作为课堂教学过程中的一部分，也可以是学生自主学习活动中的组成部分。微型教学评价包括学习过程评价、学习结果评价和学习资源评价。

微型学习资源的种类主要有：图文微型学习资源（文本和图表）、PPT微型学习资源（含Flash）、视频微型学习资源（微视频）；富媒体微型学习资源（多种媒体组合）；融媒体微型学习资源（增强现实浏览器）。微型学习资源的制作可以借助于各种视频处理软件和设备，主要方法如下。

第一，用PPT软件制作。最简易的方法就是直接将PPT课件内容转化为视频文件，这要求PPT课件设计者在设计内容的时候充分考虑微型学习的需求与特点，不能简单地把上课使用的PPT课件转换为微型学习资源。①PPT课件自动播放。为做好的PPT加上解说、音乐、设置好每一幅的放映时间，做好相关链接，在使用时进行自动播放。②利用PPT 2010版的视频转换功能，把PPT课件转换为视频文件。这种方法的优势在于不依赖任何外部设备，不足之处在于只能针对PPT课件内容。

第二，便携式设备拍摄（手机+白纸）。使用具有视频摄像功能的手机以及一沓白纸和几支不同颜色的笔、相关主题的教案即可。主要方法是使用便携摄像工具对纸笔结合演算、书写的教学过程进行录制，过程如下：①针对微型学习主题，进行详细的教学设计，形成教案。②用笔在白纸上演示出教学过程，可使用画图、书写、标记等，在他人的帮助下，用手机将教学过程拍摄下来。尽量保证语音清晰、画面稳定、演算过程逻辑性强，解答或教授过程明了易懂。③可以进行必要的编辑和美化。这种拍摄的优势是工具随手可得，不足之处在于录制效果粗糙，声音和画面效果较差，只能表现手写的内容，无法实现其他多种效果。

第三，屏幕录制（屏幕录制软件+PPT软件）。屏幕录制的工具与软件包括电脑、耳麦（附带话筒）、视频录像软件Camtasia Studio或相关微课程制作系统、PPT软件。方法是对PPT课件演示进行屏幕录制，辅以录音和字幕。屏幕录制的过程如下：①针对所选定的教学主题，收集教学材料和媒体素材，制作PPT课件。②在电脑屏幕上同时打开视频录像软件Camtasia Studio或微课程制作系统、PPT软件，执教者戴好耳麦，调整好话筒的位置和音量，并调整好PPT界面和录屏界面的位置后，单击"录制桌面"按钮，开始录制。执教者一边演示一边讲解，可以配合标记工具或其他多媒体软件、素材，尽量使教学过程生动有趣。③对录制完成后的教学视频进行必要的处理和美化。这种方法的优势在于录制快捷、方便，在个人电脑上即可实现。不足之处在于：视频录像软件Camtasia Studio的应用较复杂，不支持直接手写，要实现手写功能还须安装和启动手写设备的配套软件，对教学应用缺乏一定的针对性。

第四，专业微课制作软件（专业微课程制作软件+手写设备）。目前市场上出现了多种直接支持微型学习资源（微课）录制的专业工具，专业微课程制作软件以"微讲台"微课程制作系统为代表，配合数码手写笔或者手写板实现手写原笔迹录入。制作者通过"微讲台"微课程制作系统对教学过程进行讲解演示，并同步录制，可以实现片段式的录制。过程如下：①针对微型学习主题，进行详细的教学设计，形成教案；②在微讲台软件里做好各类教学对象（支持多种多媒体对象）的布局；③通过"微讲台"微课程制作系统同步录制教学过程；④进行必要的编辑和美化。这种方法的优势在于制作系统操作简单，使用风格符合用户习惯；可灵活调用各种教学资源、素材；真实还原黑板授课模式；轻松实现语音和视频的合成和编辑、轻松生成多种格式的视频文件。不足之处在于在视频编辑功能上还不如专业的视频编辑软件强大。

第五，专业视频工具拍摄（摄像机+黑板或电子白板）。专业摄像设备能够通过高清晰设备多机位设置微型学习资源，主要工具包括专业摄像机、黑板（或电子白板）、粉笔、其他教学演示工具等。制作者使用上述工具对教学过程同步摄像，并进行后期编辑即可完成。过程如下：①针对微型学习主题，进行详细的教学设计，形成教案；②利用黑板展开教学过程，利用便携式录像机将整个过程拍摄下来；③对视频进行简单的后期制作，可以进行必要的编辑和美化。这种方法的优势是可以高质量录制教师画面，教师按照日常习惯讲课，无须改变习惯，黑板上的内容与教师画面同步；不足之处在于需要专门的演播环境，设备和环境造价高，需要多人合力才能完成微课视频的拍摄，效率低，后期编辑需要专业人士配合。

（三）小学信息技术的学习工具利用

学习工具可以视为促进学习的认知工具。相对而言，认知工具是一个比较专业的学术词汇，本书基于教学视角，采用学习工具这一概念。

学习工具并不是某种新的产品，而是对某些计算机软件的重新归类，是指那些能让使用者利用它们进行积极思考的软件工具，是一种促进认知的工具。学习工具提供环境和设施，要求学生在所学课程领域主动努力地思考，产生自己的想法，进行知识建构。

1. 学习工具的分类

对学习有支持作用的信息技术学习工具可以分为以下六类。

（1）语义组织工具（问题或任务表征工具）：有助于学生对他们已了解的和正在学习的内容进行分析和组织。

（2）静态/动态建模工具：有助于学生描述概念间的关系。

（3）信息解释工具：有助于学生获取信息和处理信息。

（4）知识建构工具：有助于学生反思对概念的理解，而且还可以让学生掌握作为设计者所需的各种技能。

（5）交流合作工具（协同工作工具）：有助于学生就问题进行交流学习，培养学生的社会性合作能力。

（6）绩效支持管理工具与评价工具。

2. 常见的学习工具

（1）数据库。数据库系统是一种有效的学习工具，属于语义组织工具。数据库的建立和操作本身就是一种建构的过程，即学生积极地参与知识表示的过程。学生可利用数据库系统进行学科内容分析和组织，在概念之间进行联系，建立字段和记录以反映这些联系等。这些都是对信息进行思考、处理的过程，使得学生更有效地理解学习的内容。

将数据库运用于实际学习中大致可分为三个不同的层次：最简单的应用就是教师建立好数据库，让学生加入数据。例如，在课堂上，要求学生查阅教材或网络，寻找有关多媒体信息的分类、文件格式、文件大小、应用范围等特征信息，并将相关信息填入教师建立的空数据库中；第二个层次，由学生自己建立有关多媒体知识数据库，这是一种较为复杂的活动，学生需要建立数据结构（确认各字段），查找相关信息，将信息插入适当的字段和记录中；第三个层次，为了更好地应用数据库，学生需要查询数据库和对数据库进行排序等，以便对学科知识的查询进行应答，或者确定知识间的相互关系，进行推理等。

（2）概念图。概念图是指利用图示的方法来表达人们头脑中的概念、思想和理论等，是把人脑中隐性的知识显性化、可视化，便于思考交流和表达，属于问题、任务表征工具。常见的概念图工具有 Inspiration、Kid-spiration、Mindmanager、CmapTool、MapMaker、MindMapper 和 Thinking Maps 等，其中 Inspiration、Mindmanager 最常用。

教师可以使用概念图工具来辅助教学设计，整理教学思路，设计出更为新颖、有效的教学方法。而学生则可以方便地把头脑中概念的层级式空间表征及其相互关系用节点和链接绘制出直观的概念图，这种绘制概念图的学习策略有助于学生用概念网络的形式把正在学习的各种概念加以联系，标识诸多概念间的关系，以及描述概念间关系的本质。

通过比较在不同时间先后建立的几个概念图，学生可以评价他们思维的变化，此时概念图工具就是一种学生学习的评价工具。使用概念图工具能反映出学生的知识建构过程，显著提升学生的认知能力。在中小学的教学中应大力推广、广泛使用概念图工具。

（3）电子表格。电子表格属于动态建模工具，是计算机化的数字记录跟踪系统，由行、列标识的单元格组成的矩阵就是一张电子表格。每个单元格中可填入数值、公式或函数。电子表格也可以作为学习工具，增强学生的心智功能。电子表格可以做出用计算表达的数学模型，通过把隐含的逻辑关系呈现给学生，促进学生对相互关系和过程的理解。建立电子表格需要学生进行抽象的推理，并成为规则的制定者。

（4）Flash、Photoshop、Painter 等知识建构工具。信息技术环境下，有助于学生知识意义建构的工具平台非常多，如可以利用汉字输入和编辑排版工具，培养学生的信息组织、意义建构能力；利用"几何画板""Flash""Painter" 等工具，培养学生创作作品的能力；利用信息"集成"工具，培养学生的信息组织、表达能力与品质；借助网页开发工具，学生可以制作属于自己的网页，有利于培养学生对信息的甄别、获取和组织能力。

（5）腾讯 QQ、电子公告板等交流合作工具。随着通信技术、网络技术的发展，各种基于网络和计算机的同步或异步交流环境开始出现在课堂中，它们可以支持学习的社会性协商过程，如腾讯 QQ、电子公告板等。利用这些远程通信技术，可以支持学生间的人际交流、信息收集。在线交流合作工具使学生以有意义的方式参与交流，为了做到这一点，他们需要解释信息，考虑适当的反应和做出连贯的回答。学生不能只记忆老师告诉他们的知识，他们需要就讨论的课题发表自己的观点。

3. 新型的学习工具

随着信息技术的不断发展，学习工具也在不断发展。当前在学校中使用的笔记本电脑、移动学习机、平板电脑、智能手机等，为信息技术课程教学和学生学习提供了丰富的工具。新型学习工具有利于支持探究性学习的各个过程，在帮助学生收集和整理资料、观察记录和分析实验中的数据、表达结果、交流合作等方面具有明显优势。

（1）平板电脑。平板电脑总体定位应该是一种介于手机和笔记本电脑之间的娱乐和上网终端。通过平板电脑可以实现浏览互联网、收发电子邮件、观看电子书、播放音频或视频等功能。

平板电脑的一大特点就是好看且易用，对电脑不熟悉的用户都可以轻松上手，对于小学生而言使用较方便。长时间的待机性能、触摸屏都加大了平板电脑的易用性，触摸屏的操作非常直观，而且乐趣横生，习惯使用鼠标和键盘的用户也很容易使用。

（2）智能手机。所谓"智能手机"，是指像个人电脑一样，具有独立的操作系统，可以由用户自行安装软件、游戏等第三方服务商提供的程序，通过此类程序来不断对手机的功能进行扩充，并可以通过移动通信网络来实现无线网络接入的这样一类手机的总称。简单而言，智能手机，就是一部像电脑一样可以安装和删除软件的手机。

（3）社会性软件。社会性软件是指能够帮助人们汇合、联系与合作的中介传播工具，这些工具的使用有助于推动网上社区的形成。社会性软件首先是个人软件，是个人参与互联网络的工具，个人软件突出了个体自主性的参与和发挥。社会性软件在学习上有很多用处，主要表现在以下方面：

第一，快速获取信息，提升学习质量。随着软件智能性的提高和界面友好性的增强，社会性软件的使用将会日常化，利用它学习者能快速从网上获取信息。例如，通过博客上的链接，同学间能够对最新的信息进行处理与讨论；使用 RSS（简易信息聚合，也叫"聚合内容"，简称 RSS）还能将各博客的内容聚合起来，使用者能够得到更多适合自己的资讯。另外，当学生使用博客学习时，必须进行撰写工作，这样将思考与操作结合起来，可以积极调动自己的归纳、分析、判断和数字化表达能力，按照自己的认知方式和学习风格进行表达，无形中对知识进行了二次加工，加深了对知识的理解和运用。

第二，分类存储和处理信息，实现个人知识管理。对个人拥有的信息进行有效的分类和管理，是信息时代每个人应具备的一种能力。社会性软件的使用在这方面给人们提供了方便。例如，Tap 允许用户自由选择关键词对网站进行更为灵活的分类，且这种分类融合了使用者的思想，允许系统依照用户行为所产生的自然方式进行检索。过去，人们通过下载、复制等方式保存网页，Diigo（digest of internet information, groups and other stuff, Diigo）中的 Social Bookmark 给用户提供了新功能，可以把喜爱的网站随时加入自己的网络书签中，并可与他人共享，即每个用户都可以与别人共享各自保存的链接，还可以用多个关键词标识和整理自己的书签，实现个人知识的管理。

第三，方便信息交流和资源分享，促进知识建构。学习过程从独白走向对话、从个体走向合作，在分享中实现认知，在认知中促进共同发展，是社会建构主义学习论所倡导的。社会性软件的使用可以有效地支持这样的学习过程。例如，学生在利用社会性软件学习的过程中，可以不断使思考结构化、认识清晰化，促进思维的发展。在理解的前提下，进行主体间的交流，才能产生真正意义的对话，并在自我讨论和相互讨论中发现与对方的差异和内在的统一，最终使双方在一种新的集体中相互结合起来，从而促进更广范围的知识建构和集体智慧发展。

第二篇
中小学信息管理及创新探究

第四章 中小学信息管理平台设计与构建

第一节 中小学信息管理平台技术与系统设计

随着信息技术的不断发展和普及，教育领域也迎来了一场数字化革命。中小学信息管理平台技术与系统设计成为现代教育体系中的一个关键组成部分，这一平台的设计和开发旨在提供学校、教师、学生和家长之间的信息共享、管理和交流的便捷途径。

一、中小学信息管理平台技术要求

中小学信息管理平台是一个综合性的系统，需要满足各种不同的技术要求，以确保其高效运行和数据安全。

第一，数据安全和隐私保护。教育数据包含大量敏感信息，如学生个人信息和学术记录。因此，信息管理平台必须具备强大的数据安全和隐私保护措施。这包括数据加密、身份验证、访问控制、防火墙和定期的安全审计。

第二，多层次用户管理。中小学信息管理平台需要支持多层次的用户管理，包括管理员、教师、学生和家长。每个用户类别都有不同的权限和访问级别，因此平台必须能够有效地管理这些差异。

第三，云计算和移动设备兼容性。平台应该具备云计算功能，以便用户可以从任何地方访问其数据和应用程序。此外，它还必须与各种移动设备兼容，因为学生、教师和家长可能使用不同的设备。

第四，教育资源管理。中小学信息管理平台还应该包括教育资源管理功能，以便教师能够轻松访问和共享教材、课程计划和多媒体资源。

第五，数据分析和报告。平台应该能够收集和分析教育数据，以便帮助学校做出更好的管理决策。此外，它还应该能够生成各种类型的报告，包括学生成绩报告和教师绩效报告。

二、中小学信息管理平台系统设计

为了满足中小学信息管理平台技术要求，中小学信息管理平台的系统设计需要遵循以下重要原则，这些原则有助于确保系统的可扩展性、稳定性和用户友好性。

第一，模块化设计。中小学信息管理平台应该采用模块化设计，以便不断添加新功能和扩展系统。这使得平台更加灵活，能够适应不断变化的教育需求。

第二，用户友好界面。系统的用户界面必须易于使用，不仅对教师和管理员，还对学生和家长。一个直观的界面可以减少培训时间，提高用户满意度。

第三，数据标准化。为了实现数据的互操作性和一致性，平台应采用数据标准化。这有助于确保不同系统和应用程序之间的数据无缝集成。

第四，弹性和可扩展性。系统设计应具备弹性和可扩展性，以便在需要时能够轻松扩展其功能和容量。这对于适应不断增长的学生和教育资源来说至关重要。

第五，安全性优先。安全性必须是系统设计的首要考虑因素。数据加密、身份验证、访问控制和防火墙等安全措施必须得到妥善实施。

中小学信息管理平台技术与系统设计在现代教育中发挥着重要作用，它不仅提高了教育质量和效率，还促进了家校合作、教育资源共享、决策支持和数字转型。为了充分发挥这些优势，设计和维护这一平台必须遵循严格的技术要求和系统设计原则，以确保其可靠性和安全性。未来，中小学信息管理平台将继续发展，以适应不断变化的教育需求，并为教育体系的不断改进做出贡献。

第二节 基于知识管理的中小学网络教研平台构建

一、知识管理与网络教研平台的认知

（一）知识管理的概述

"所谓知识管理，就是人类这个大集体通过对这个集体内外知识的获得、保存、传播和运用等活动进行治理和使用，从而来完成提高集体创造价值的能力这一目的明确的过程。"① 在当今这个信息迅速发展的时代，知识是人类生活工作中重要的财富来源，知识的生产者是最具有活力的资产，集体和集体的每一分子的重要任务就是对知识进行管理。

对于教育而言，知识管理一般有以下含义：①内部和外部的知识都参与集体知识；②个人知识的内部和外部知识；③知识管理不仅在"集体管理"过程中体现，也在"交流与共享"过程中体现；④知识管理的最终宗旨就是提高教师和学生为集体创造价值的能力；⑤集体的一分子单独来对知识进行管理，那是他使用信息技术以及网络通信技术来帮助其他人合理地管理信息，是将个人知识库的信息集成框架，为那些分散、随机信息系统用来可扩展发展的个人知识提供了一个机会。个人对知识的掌控能力和不断创新以及拓展能力，注重知识管理是甄别信息、获取、存储、交流和评价的一个过程。

总体而言，个人知识管理就是利用信息技术手段帮助自己去获取信息、处理信息、收集和使用有价值的信息，个人通过有用的交流、相互理解的合作、合理的分享，将存在于大脑中的隐性化的知识转变为形象化的、容易理解的知识，

1. 知识管理的基本技能

知识管理技能可以在以下方面得以体现。

（1）信息的获取。在日常生活里我们在一个简单的知识反复的过程中很多时候在脑海里形成一个初步的任务问题，之后就会针对这个任务问题进行抽样调查，统计分析，然后我们还要明确这个问题是属于哪个学科技术领域，再往后我们快速建立一个合理的树状结构图示。最后掌握一定的检索方法，去搜索相关的知识。

（2）信息的评价。对待信息一定要客观、公正、合理的评价的。我们要使用一些信息筛检技术，可以说是取其精华去其糟粕，我们自己需要有价值的那一部分信息。

（3）信息的组织。我们获得的信息与已知的知识整合的想法就是对信息的组织，使信息系统化、条理化，便于我们使用。

（4）信息的分析。信息的分析是我们在信息组织的基础上对信息进行剖析，在这里我们可以得到有用的信息进行进一步的验证。这个过程主要靠掌控者自身的经验来完成。

（5）信息的公布。信息的公布就是将我们整合剖析后所得的有使用价值的知识通过传授、辅导、演讲等方式与人互换和分享。

（6）信息的合作。在这个过程中，我们很容易看出个人知识管理过程里其实并不是个人单独来完成，这个时候集体的力量就要突显出来，小组（集体）成员之间沟通交流和协作。换言之，组员个体与个体之间的交流会碰撞出思想的火花，从而由思想产生动力，最后

---

① 王军．基于知识管理的中小学网络教研平台构建与研究 [D]．长春：吉林大学，2015：8．

保质保量地落实到行动中，最终由行动带来效益。也就是说作为知识的工作人员就必须时刻尽可能地做到与其他合作组员甚至是其他人保持良好的沟通和协作，从而来提升工作者自身和组员的个人竞争力。协作是需要有集体合作精神来作为这个过程中的基本条件。小组成员大家都要大胆提出自己的意见和创设的设问，在这个过程中小组成员要有效地将信息的内部隐性知识，探索和创新多元化地转化成显性知识。当大家都在一起交流和探讨的时候拿出来，当然方式也可以多样，如腾讯QQ、微信、短信，以及学校里的多媒体直播教室、多媒体会议厅、远程录播系统等，都可以让小组成员互换、沟通、协作、学习。

（7）信息的安全。我们得到的信息非常具有使用价值，保护信息的安全可以采取以下方法：重要数据多份备份或异地备份、对信息进行加密防止黑客入侵剽窃，还可以加载硬件防火墙、在计算机上把有用信息进行隐藏存储，当然还可以通过控制信息的通信范围和方式以及知道的人员等方式。

2. 知识管理遵循的原则

知识管理要遵循以下原则。

（1）沉淀原则：知识沉淀和积累是实施知识的管理基础。

（2）分享原则：一个合作组内部的信息和知识，针对合作组成员不要保密，完全公开，组员都要尽可能地多接触、互相之间不要隐瞒，做到每个组员掌握的知识基本相同。

（3）交流原则：这个过程的核心就是要在组内部营造一个便于交流的文化气氛，这样才能使组员之间进行毫无障碍的交流。

知识沉淀是实施知识的管理基础；知识分享可以使组织的每个成员都能接触和使用组内的知识和信息；知识交流这个环节则是知识体现价值的时候，它在知识管理的三个原则中处于最重要的级别。

（二）网络教研平台的分析

网络教研作为传统教研方式的高效补充，经历了初期由少数教研员和个别教师自发分散地使用网络进行交流的阶段，逐渐演化为区属教研员积极主动组织的过程，吸引了大部分教师参与网络教研平台的培训，在学校内部组织集中培训、分批培训，并在不同学期进行培训。目前，网络教研经过发展已迎来了变革，焕发着勃勃生机。

网络教研是在日常教学、研究和学习过程中，通过利用互联网资源，教师们掌握了一系列信息技术手段，用以指导本校内的教学常规和与同事进行互动研究，以解决教学工作中的疑难问题。此外，网络教研也促进了学校之间、不同学科之间的教学教研全过程的交流与合作。网络教研作为一种全新的多元化方式，显然优于传统的教学教研方式。绝大多数网络教研活动都借助计算机网络工具，包括教研系统网站、专属教育论坛、微信平台以及腾讯 QQ、MSN 等工具，用于进行日常的教学研究和知识管理。

1. 网络教研的优点分析

（1）网络教研注重人文因素。在网络教研的开展过程中，教师和教研员之间实现了平等互惠和互利的关系。他们都积极参与网络平台，充分展示了自身的积极性，并不受时间限制，这有助于最大限度地推进个人教学案例的反思，不受时间限制，还可以与专家进行深入交流。因此，在时间和空间上，网络教研实现了高度自主的教育研究和高效的机制。

（2）网络教研的简便性。网络教研的基础设施简单易用，只须将计算机与互联网连接即可，初期投入成本低，而后期几乎不需要额外成本。教师和教研员可以根据自己的时间和地点自由开展网络教研活动，其操作技术也相对简单。在虚拟空间中，人们能够自由分享资源，共同学习，并不断提高教学水平。

（3）网络教研的高效和高质。网络教研的高效和高质体现在参与人数不受限制，研究时间和空间灵活自由。个体能够根据自身的时间安排来进行交流、探讨和完成任务，从而大幅提高了教研的效率和质量。

（4）网络教研的强大协作性。网络教研活动使不同层次和需求的教师都能够得到满足，促进了个性化发展。不同地区、不同学科之间以及不同学段之间的协作都成为可能。同学科、同学段以及其他学科之间的理论和实践结合协作也成为常态。网络教研提供了一个广泛协作的平台，只要设备允许，几乎没有无法完成的协作任务。

2. 网络教研的主要特点

网络教研的特点主要包括：①教研活动的主体构成实现了最大化；②教学和研究活动的环境发生了巨大变化，网络环境下的教学和研究更加平等和民主；③教研活动的内容不仅包括听课和讨论，还允许参与课前、课中和课后的全过程研究，将教师培训和多学科互动融入其中，从而提高教师的信息素养和教育专业技术发展水平。

3. 网络教研的主要形式

（1）教学信息的网络浏览。在网络教研的进行中，教研员组织相关教师和技术人员依托计算机网络，创建并不断更新学科网站。这些网站包括教育信息、优秀教师的教育经验、高质量教学资源以及相关教学网站的链接。这些内容应持续充实和更新，以呈现新颖和多样的特点，供教师浏览、下载教学研究活动相关的资料、图片、课件、视频录像等。例如，重庆市九龙坡区的"九龙教研网站"包括"理论导读""活动报道""课改前沿"和"三课教研"等栏目。

（2）"BBS"网络教研中心。"BBS"网络教研中心，即"电子公告系统"，有不同形式的应用，如"留言板"和"论坛"。其中，"留言板"主要用于传达学校内部重要的教学信息或行政会议的时间和地点。例如，九龙教研网的"互动热线"采用了这种方式。在"三课研究及资源库"中，教师不仅可以浏览资源，还可以发表自己的观点，比如对同一节课的实录，教师可以实时在网上发表评论。在"互动热线"栏目，教师可以发布自己的教学资源，并进行讨论。从教师们积极参与和高水平的讨论中，我们可以看到网络教研的潜力。通过教师提供的实际案例和深刻见解，我们可以看到虚拟网络教研的实际效果。

（3）网络会议。网络会议是一种新型教研形式，具有视音频传送、文件传输、文字聊天和电子白板等功能。随着多媒体模块在虚拟教研平台中的不断完善，网络会议将成为网络教研未来发展的趋势。

第一，音视频传输：借助音视频实时压缩技术和宽带网络，教师可以通过计算机实现面对面交流，听到现场同步声音。

第二，资源网络云同步上传与共享：可以将 HTML、Word 等格式的会议记录以及电子课件、图片、视频资料、Flash 动画等多媒体素材上传到系统中，同时或分时段在每个客户端上显示。此外，可以使用摄像机记录教研活动的全过程，包括讲座中的音频、视频和板书等信息，随时通过回放功能供其他教师观看。

二、基于知识管理的中小学网络教研平台设计

（一）总体设计

1. 设计理念

针对资源和环境方面的要求，我们可以采取以下措施：建立一个动态生成的区域特色教育资源，以积累本地优质教育资源；提升集体备课的课程环境水平，为教师们提供网络平台，从不同阶段展示在线课程；在合作研究环境水平方面，交织信息通信网络，建立一个跨学科、跨区域和多角度的合作研究平台。

2. 整体规划

网络教学平台的服务对象包括个体教师、教师团队、学校社区（地区）中多层次的用户群体，以及各级教育机构的业务空间，为其提供相应的资源、工具、支持和服务环境。教师能够利用这些资源创建网络课程，并在整个地区范围内发布这些课程。这一过程形成了课程资源的展示中心，促使教师进行资源交流和讨论。地区学校还可以积极组织评选出

卓越的资源和教师，以鼓励他们积极参与教学研究活动，推动地区资源建设的积极性。因此，该平台设立了区域网络研究中心，旨在促进个体教师的专业发展、同行协作、校际合作和区域协作的信息环境。通过一系列的比较研究中心选择活动和坚持不懈的努力，筛选并加入卓越资源，这些资源将添加到中心地区资源库中，以更好地为广大用户提供服务，推动教育资源的建设、应用程序和服务的不断发展，形成一个动态的生态研究环境。

（二）设计重点

第一，采用"以人为本"的软件应用模式。传统城域网模式中，不同业务系统提供各类服务，教师将自身资源上传至存储库系统，这导致各种资源分散存储在不同系统中，不利管理。在"以人为本"的软件应用程序模式下，网络教学平台为每位教师提供个人业务空间，集成了各种与其相关的功能模块。这个个人空间包括各种教学反思、特色资源、集体备课和参与研究活动，这些都存储在个人空间中，形成了其个人宝贵财富。其他教师可以访问这一空间，学习其教学研究成果，了解其职业发展轨迹，从而体现了"软件服务"的核心概念。

第二，资源层面：采用"教研驱动"的本地化资源体系建设模式。为提供高质量资源，我们需要建立有效的教师评选机制，以解决各类精品资源并将其纳入精品资源中心，从而促进资源的流通。

第三，采用"教研驱动"的本地化资源体系建设模式的两个方面的优势。①可以充分发挥教学和研究部门的专业知识和业务优势，推动资源的建设、使用和教学研究的有机结合，探索研究和应用程序的资源共享机制，从而创建地方特色的高质量教育教学资源，满足一线教师多样化的需求。②可以利用传统研究机构的力量，促进教学和研究活动的有机结合以及资源的建设。各种不同的活动能够激发教师参与资源的建设，实现资源的动态生成，使资源建设在各个领域活跃起来，最终形成地区教育教学资源建设、应用程序和服务的有机整合。

第四，课程层面：①创建网络集体备课平台，汇集集体智慧；②建立各级教师的网络课程展示、交流、评比和评选平台。

第五，协作教研层面：突破区域限制，形成信息交流网络。关于协作教研以及具体内容的关系可以说是形成了一个网格化的关系，它们之间突破了各个地区县的限制，在各个集体教研和教师个体教研之间形成了信息交流网络化。

第六，学科基地建设：促进同学段学科教师的交流与教研。同学段学科的教师一起进行教研是促进教学研究的最佳方式。网络教学平台提供主题网站模块，旨在为该学科的教师提供一个专门的工作平台，用于学科教研的展示，包括学科相关文章、资源、教师工作室和协作组。这一模块强调学科教学特点，加速学科教师之间的沟通，促进学科教学更好、更快地发展。

第七，学校基地建设：建立学校校本教研的在线平台。①为每所学校在地区内提供校级门户网站，以建立学校校本研修基地。②学校可开展在线教研活动，借助学校教师团队的凝聚力，有助于组织和管理教学和研究活动。学校管理员可以在校园新闻公告中发布相关信息，一线教师也能够及时参与学校各种教学和研究活动。③构建校级教师专业发展支持体系，帮助学校内的教师共同成长，同时也有助于积累学校内的高质量教育资源。

(三) 详细设计

基于知识管理的中小学网络教研平台设计如图 4-1 所示。

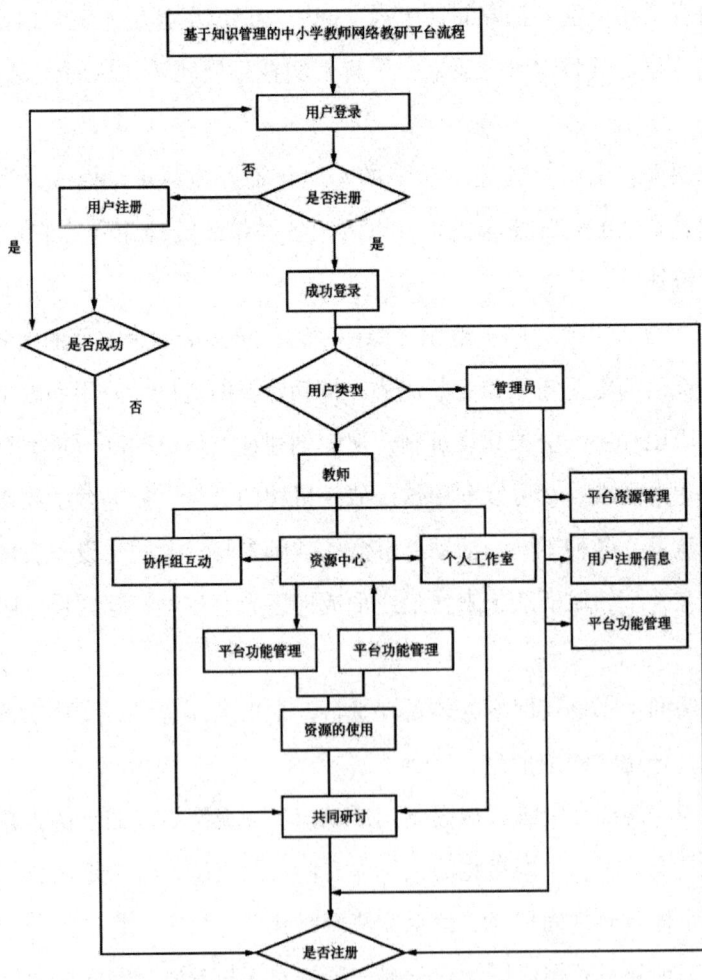

图 4-1　中小学教师网络教研平台流程

1. 功能模块方案分析

（1）教师工作室：全面整合教学教研业务，教师个体专业成长的助跑器。网络教学平台为教师建立了一个综合的工作平台，用以支持他们的学习、工作和交流需求。该平台提供多种培训和工具，旨在促进网络教学以及日常教学工作的进行。教师工作室被视为资源的创造与分享源，供其他教师共同利用。此外，它也提供了便捷的教师间沟通和交流机会，使年轻教师能够随时向更有经验的同事寻求帮助，与教育领袖互动，或者订阅各类文章和资源，参与讨论各种话题。该系统还具备高度的定制性，允许用户根据个人需求自由选择界面、功能和插件，以满足个性化的要求。这个平台不仅让教师有机会展示自己，也为他们的专业发展提供了有力支持。

第一，后台管理功能模块（表4-1）。

表4-1 后台管理功能模块

类别	内容
常用功能模块	网站样式管理、系统模块管理、新闻发布、文章发表和管理、资源上传和管理、视频管理、照片发布、个人信息修改、收藏夹管理、个人公告以及自定义样式等多项功能
文章管理功能模块	涵盖文章发表、文章管理、个人文章分类、收到的评论以及发表的评论等功能
资源管理功能模块	提供资源上传、资源管理、个人资源分类、上传的资源、下载的资源、收到的评论以及发表的评论等功能
视频管理功能模块	使用户能够上传视频、管理视频、查看和评论视频，同时也包括收到的评论和发表的评论功能
消息留言功能模块	包含写短消息、短消息收件箱、短消息发件箱、短消息回收站以及留言管理等功能
好友功能模块	提供了我的好友列表、添加好友、黑名单管理以及添加黑名单等功能
图片管理功能模块	允许用户对相册进行分类、上传照片，并进行相册管理
个人信息功能模块	包括密码修改、问题答案修改、个人信息更新以及统计信息的更新等功能
协作组管理功能模块	包含了创建协作组、我创建的协作组、我加入的协作组、我发出的邀请、我收到的邀请、我发出的申请以及我收到的申请等功能

第二，前台展示功能模块。工作室具备强大的能力以满足个性化需求。该平台提供精致的个人主页模板以及广泛的功能模块，允许教师在使用这些研究功能模块时，能够自行指定其位置，显示任何自由定义的不同主题风格，也具备切换的自由度，同时还能够在必

要时移动、关闭或修改。这意味着每位用户都能够拥有一个完全个性化定制的界面和功能（表4-2）。

表4-2　前台展示功能模块

类别	内容
模块定制	为了满足个性化需求，每位用户都能够自主选择工作室的功能模块，决定外部展示的内容或提供的功能
布局定制	多种布局方式可供选择，用户可以根据需要选择不同的模块布局，还可以通过拖拽的方式将模块放置到所需的位置
显示条目定制	提供了模块内容显示条目数的定制功能，用户可以直接在界面上编辑希望显示的条目数，编辑后会立即生效
外观模板	提供了丰富的模板选择功能，用户能够直观地选择所需模板

教师工作室前台页面的模块包括个人档案、最新文章、最新评论、统计信息、我的协作组、最新图片、最新照片、我的公告、文章分类、资源分类、相册分类、好友列表、文章搜索、我的留言、自撰内容模块、我的资源、当天日历、我发起的活动、我参与的活动、我发起的备课、我参与的备课、问题与解答、调查投票以及话题讨论等功能模块。

（2）教师协作组：互动、交流、共享，教师协作研修共同体。协作组之间操作关系设计流程如图4-2所示：

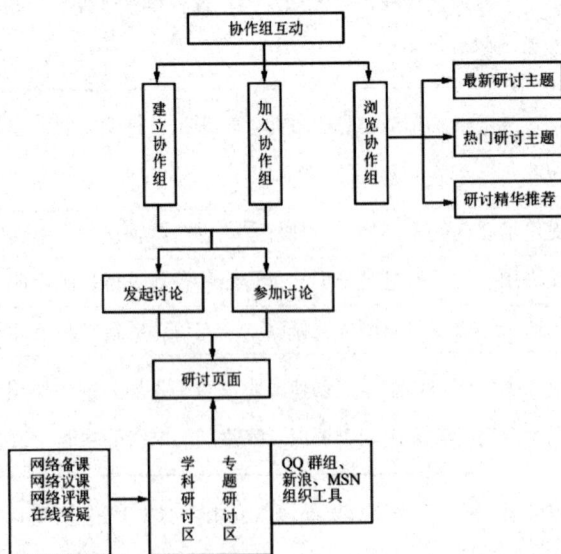

图4-2　教研平台协作组之间操作关系设计流程

协作组之间不同类型的团队，建立各种形式的合作，教师可以创建和管理他们的合作，还可以加入该研究小组，家校沟通中的各种形式的协作团队，合作研究平台为教师提供全面的支持和服务。准备计划和组织教学和研究活动，评价教学情况下，解决教学问题，积累资源，教育叙事写作等，创造互动交流分享的氛围，积累和显示组中的研究结果。教师协作整合短信通信功能。例如，可以在聊天室、论坛自由讨论小组成员之间的交流，讨论记录可以方便查阅。

第一，协作组的后台管理功能（表4-3）。

表4-3 协作组的后台管理功能

类别	内容
小组论坛管理	协作组的领导可以对小组论坛中的所有讨论话题进行管理，包括对特定话题进行加精、置顶或删除等操作。此外，他们还可以执行相同的操作以管理特定资源
小组留言管理	协作组的领导有权管理协作组内的所有留言
制订集体备课计划	一个集体备课计划可以包括多个备课课题。教师可以为整个学期提出备课的总体要求，并拟定本学期的备课计划。这包括制订备课计划的标题、设定计划的开始和结束时间、选择学段和学科、填写备课的总体要求，以及将某一计划设定为当前默认计划等功能
管理集体备课计划	提供删除集体备课计划、设为默认计划、修改集体备课计划、删除备课以及修改备课等操作

第二，协作组的前台展示功能。该平台提供多款精美的协作组页面模板以及丰富的功能模块，允许用户自由地定制不同的主题风格并迅速切换。此外，用户还可以自由地移动、关闭或修改这些功能模块。每个协作组都可以享有完全个性化的自定义界面和功能。协作组前台页面提供模块、布局、显示条目和外观模板的定制功能。

教师协作组前台页面可以包括多种模块，如小组信息、组内文章、组内资源、备课计划、小组活跃成员、资源分类、协作组组长、小组最新成员、组内公告、组内留言、组内论坛、组内活动、统计信息、友情链接、问题与解答、调查投票以及话题讨论等功能。

（3）学校网站后台管理功能。在学校开展网络教研活动，提升学校教师团体凝聚力，有利于教学和研究活动的组织和管理。网络教学平台为每所学校提供领域的门户网站，这是每所学校校本的基础研究领域。学校管理员可以在校园新闻公告中，一线教师可以参与学校各类教研活动时间，平台提供决策依据学校教研活动管理数据。研究中心建立学校教师专业发展的支持系统，通过学校的优秀教师，课题研究人员专业领导，领导教师一起成长，同时也可以积累学校优质教育资源。学校教研中心首页提供最新动态、图片新闻、校内文章、校内资源、视频、最新图片、单位公告、友情链接和统计信息等功能模块。

第一，学校网站后台管理功能。提供单位信息管理、学校网站布局管理、学校网站模版管理、学校网站样式管理、自定义模块管理、系统模块管理、学校网站用户管理、新闻/公告动态管理、友情链接管理等功能模块。

第二，学校教研中心前台展示功能。学校文章模块：提供文章分类、本校文章列表等功能；学校资源模块：提供资源分类、本校资源列表等功能；学校图片模块：提供图片分类、本校图片列表等功能；学校视频模块：提供视频分类、本校视频等功能；学校工作室模块：提供教研员工作室、名师工作室、学科带头人工作室、最新工作室、热门工作室、推荐工作室、研修之星、工作室访问排行、积分排行榜等功能。

（4）资源中心：教研驱动，创建本地化资源体系建设新模式。网络教学平台整合教育资源中心、工作室、教师不仅是用户资源，还是资源的建设者，形成资源是动态的、连续的，原始资源具有实际意义。平台支持资源管理平台和网络教学平台的连接，为每个工作室提供了一个资源共享和上传资源，教师可以每天收集或原创的优秀教学资源的资源目录按照规定分类，同时系统提供了一个强大的资源管理平台的元数据标准管理，以形成一个动态的、不断更新的本地存储库。

网络教学平台提供了一个集体备课模块，教师可以启动准备，可以讨论备课任务、共享资源、意见，最终达成一致的任务准备解决方案。从教师开始思考，形成一个案例等所有过程记录，每位教师的思维过程可以完整的解决，为其他教师参考。教师可以通过学科和年级筛选集体备课。

集体备课页面提供备课基本信息、备课流程、当前流程文章、当前流程资源、当前流程讨论、教研活动、参与人员、统计信息、自写内容等信息，导航功能区包括添加模块、设置主题、更换布局、我的个人空间、空间管理、编写个案、发起活动、申请加入、修改备课、进入备课管理等功能模块。

第一，发起备课：老师发起备课须填写包括备课题目、主备人（如果不填写就默认备课发起人为主备人）、备课开始和结束时间、选择备课题目所属的学段、学科、填写备课标签（方便检索）、编辑备课任务等信息。

第二，参与备课：教师已经发起的备课都会列在集体备课页面中。可以按照主题进行，为学习时期和关键字查找做准备，也可以申请加入感兴趣的小组课。准备管理员批准后，可以为参与这个小组课做准备。除了基本的信息，如访问者查看课程准备过程等。这个模块提供了编辑和查看常见的情况，发表文章、上传、编辑和查看资源的情况下，启动并参与讨论和研究活动，以及参与准备、审核管理等功能。

第三，管理备课：教师可删除备课、修改自己备课的基本内容。集体备课后台管理功能包括发起备课、备课信息、文章管理、资源管理、讨论管理、流程管理、活动管理、回复管理、历史记录、评论管理等功能模块。

2. 系统管理特色功能设计

（1）多用户权限管理：真正做到弹性管理、各司其职。平台与灵活的用户权限管理机制，可以设置不同的权限不同的教师，而且不同的模块设置不同的操作权限，也可以根据不同的操作权限指定的负责教师，真正的分散，做他们自己的本职工作。

（2）强大的教研统计功能，为区域教研活动评价提供决策依据。

第一，个人统计：该模块可以查询个人用户的各种信息，包括工作室、文章、交通、交通资源，访问的文章总数，推荐货号，文章评论用户，用户评论货号，数量的资源，推荐的号码，用户资源评论，用户评论的数量的资源，资源下载数量，创造合作数量，加入组号，照片数量，用户评分（积分）和用户状态信息。

第二，协作组统计：这个模块可以统计合作相关的各种信息，包括协调交通、小组成员的数量，梳理货号，协调资源数量，数量在主题，小组讨论、小组活动和其他信息。

第三，单位统计：此模块可统计包括单位各类统计信息，如单位工作室数、文章数、推荐文章数、资源数、推荐资源数、单位积分总数等信息。

（3）灵活设置奖励积分，激发教师的参与热情。系统提供灵活设置加分的奖励功能，如发表文章，文章推荐积分，上传资源整合、资源推荐积分，评论和其他种类的积分可以自由设置，激发教师的参与。系统还提供文章、资源和惩罚函数删除。系统将为用户获得总分排名。

（4）按需设置学科学段，建设区域特色学科网站群。管理员可灵活设置与本地区相匹配的学科学段信息，从而构建符合本地区特色的学科网站群。

第三节　基于 RFID 的中小学校园安全管理平台构建

校园安全一直是家长、学生和学校管理者关注的焦点。随着技术的不断发展，中小学校园也逐渐引入 RFID 技术[①]，以改善安全管理和监控。RFID，即射频识别技术，是一种

---

① 射频识别，RFID（Radio Frequency Identification）技术，又称"无线射频识别"，是一种通信技术，俗称"电子标签"。可通过无线电信号识别特定目标并读写相关数据，而无须识别系统与特定目标之间建立机械或光学接触。

无线通信技术，它可以用来识别和跟踪物体。RFID 系统由标签、读写器和数据管理系统组成。标签上包含有唯一的标识符，读写器可以通过无线信号与标签通信，从而实现对标签的识别和跟踪。在学校安全管理中，RFID 技术可以用来跟踪学生的位置、管理学生进出校园、记录学生的考勤情况等。

一、基于 RFID 的中小学校园安全管理平台构建优势

基于 RFID 的校园安全管理平台带来了许多优势，使其成为中小学校园安全管理的理想选择。

第一，高效性。RFID 技术可以实现自动化和实时数据采集，提高了校园安全管理的效率。学生的考勤、进出校园、位置跟踪等操作都可以在系统中自动记录，无须手工操作，减少了人为错误和时间浪费。

第二，准确性。RFID 技术具有高度的准确性。每个 RFID 标签都有唯一的标识符，可以确保学生和物品的准确识别和跟踪。这有助于减少误识别和错误报警，提高了校园安全管理的可靠性。

第三，安全性。RFID 技术的数据传输是加密的，可以有效保护学生和学校的隐私。此外，RFID 系统可以设置不同级别的权限，确保只有授权人员才可以访问系统数据，提高了校园的安全性。

第四，可扩展性。基于 RFID 的校园安全管理平台具有良好的可扩展性。学校可以根据自己的需求逐步引入 RFID 技术，不需要一次性投入大量资金。此外，系统可以根据学校规模的增加进行扩展，以满足不断增长的需求。

第五，数据分析。RFID 系统可以积累大量的学生和校园数据，这些数据可以用于分析学生的出勤情况、活动参与情况以及学生在校园内的活动轨迹。通过数据分析，学校可以更好地了解学生的行为和需求，有针对性地改进安全管理和学生服务。

二、基于 RFID 的中小学校园安全管理平台构建应用

第一，学生考勤管理。学生考勤是学校管理的一项基本工作，但传统的考勤方法通常需要学生在进入校园时手工签到，这往往不够高效且容易出现错误。基于 RFID 技术的考勤系统可以提高考勤的准确性和效率。每名学生可以佩戴一个带有 RFID 标签的学生卡，当学生进入校园时，读写器会自动扫描学生卡上的标签，记录学生的到校时间。这样，学校可以准确地知道哪些学生已经到校，哪些学生尚未到校，从而提高了学校的安全管理水平。

第二，学生进出校园管理。中小学校园通常有多个出入口，传统的出入校门方式存在漏洞，容易被不法分子利用。基于 RFID 技术的进出校园管理系统可以有效地控制校园的出入口，增强校园的安全性。学生可以佩戴 RFID 学生卡，当他们进出校园时，系统会自动记录他们的进出时间，如果有人未经授权进入校园，系统会自动报警并记录相关信息。这有助于防止校园的非法闯入和确保学生的安全。

第三，学生位置跟踪。在校园内，学生的位置信息对于应急情况的处理非常重要。使用 RFID 技术，学校可以实时跟踪学生的位置，确保他们在校园内的安全。如果学生在校园内出现异常情况，如迷路或需要紧急帮助，学校工作人员可以通过 RFID 系统迅速定位学生的位置，并采取必要的措施。这有助于提高学生的安全感，并加强学校的紧急情况处理能力。

综上所述，基于 RFID 的中小学校园安全管理平台为学校提供了一种强大的工具，以提高校园的安全性和管理效率。随着技术的不断发展，这一平台将继续发挥重要作用，帮助学校更好地满足家长和学生对安全的需求。

第五章　中小学信息管理系统应用及其技术

第一节　中小学在线考试与学籍管理系统

一、中小学在线考试系统

（一）中小学在线考试系统的业务分析

1. 业务描述分析

业务描述分析在软件的研究分析过程中是非常重要的部分，通过对中小学在线考试系统的相关业务进行描述，确定系统的功能。

（1）业务问题定义。在中小学教师的教学生涯中，监考、改卷、考后分析是再平常不过的事情。表面看监考较为轻松，但背后试卷的编写、印刷，考场、监考教师和学生位置的安排，考后试卷的收集、批改、登分，分析优秀率、平均分、每题的得分率，分发试卷、讲评试卷，需要所付出很多人力、物力和时间。这和我们国家一直想致力于实现的教育现代化相违背。同时，在考试管理工作中容易出现以下问题：

第一，在传统的考试中，每次考前教师都要花时间准备试卷，效率低、成本高，并且一旦教师把题目确定，就不容易修改更换题型。

第二，传统的阅卷批改方式，需要耗费教师大量的时间，而且存在人为因素的影响，出错率较高，通过计算机来代替人工完成，可以减少人为因素的影响，迅速批改试卷，提高教务人员分析试卷的效率。

第三，传统考试模式存在许多问题，如考试步骤烦琐、出错率较高等。考虑到考试的手段与类型都在增加，重点考察学生的综合素质，不再局限于单一的纸质化考试，因此在考试管理方面的要求也在提高。教师考前准备考后的分析都使得教师的工作强度不断增加。

第四，随着教育现代化建设的开展，将教考实际业务的工作需求同现代计算机和网络技术结合，研究分析在线考试系统，加快教育信息化建设，不仅是信息技术、多媒体网络技术发展的必然结果，也是现代教育发展的迫切要求。

（2）组织职能分析。中小学学校主要由校长室、学校办公室、教务处、政教处、总务处、年级组、教研组、工会和后勤处组成。校长室主要是负责全校事务的管理工作。校长室主要负责贯彻党的教育方针，制定学校的发展方向，指挥协调各处室之间的工作。学校办公室主要负责协助校长室做好行政事务，宣传工作和教职工的人事管理工作。教务处主要负责制定教师的教学工作，检查教师的教学质量，组织安排学校的各项考试。政教处主要负责协同学校党总支、团支部和校长开展德育教育，开展各类学生活动，管理班主任。总务处主要负责学校后勤保障工作，校园安全工作，以及校园资产管理工作和食堂管理工作。年级组主要负责协同班主任共同管理本年级学生的各类事物，组织本年级任课教师正常开展教育教学工作。教研组主要负责管理本学科的教师的教学工作，确定教学方向、教学目标，改进教学方法，培养年轻教师。工会主要负责监督学校各项工作，协助党组织做好维稳工作，组织教工代表大会，为学校的发展献计献策。后勤处主要负责学校的后勤管理和服务工作，为师生提供良好的学习和工作环境。

（3）业务人员分析。中小学在线考试管理系统主要业务人员有学校教师、在校学生、学校教务处。

学校教师：在原有业务流程分析中，教师负责手工出卷、审卷。在考试管理业务中，教师负责在不同场次的监考中，进入不同考场，下发、收集试卷并装订。在阅卷评分业务中，教师负责手工批改试卷、统分、登分，将登分表纸质稿和电子稿交教务处。改卷结束后，还需拆分试卷到各班。

在校学生：在原有业务流程分析中，学生在考试管理业务流程中，根据班主任下发的考号找到自己的考场考试，不同科目有可能出现不同考场的现象。

学校教务处：在原有业务流程分析中，教务处主要负责试卷管理、考试管理、试卷分析等相关业务。在试卷管理业务中，教务处负责组织任课教师出卷、审卷，印刷试卷并分装入袋。在考试管理业务中，负责编排考场和考号，设定考试时间，处理考场意外情况。在试卷分析业务中，负责收集、汇总分数，并将此次考分与以往考分进行各人、各班对比分析，最后将分析表在试卷分析会上，下发到各位任课教师手中，不同身份教师得到不同针对性的分析表。

2. 原有业务流程分析

对中小学在线考试管理的原有业务进行分析，即不使用在线考试管理系统之前相关业务的主要流程。

（1）题库管理流程。传统的题库管理工作，教师主要通过手工模式查询试题。教师先选择科目和试题类型，然后查找所需试题，最后记录相关试题。传统的题库管理效率较低，容易出现重复试题，各个教师之间缺乏交流，已经越来越不适合学校发展的需求。

（2）试卷生成管理流程。传统考试模式下的试卷生成是由教师首先根据需要选定自己出卷的科目和试卷类型，试卷类型包括期中、期末、测验等。然后根据试卷类型设计试卷题型和分值比重，进行出题。完成后将试卷交至教务处进行审核，审核通过后教务处负责存档。审核未通过则返还教师继续修改试卷。

（3）在线考试管理流程。在原有业务流程中，主要是考试管理业务。教务处根据需要制定考试计划安排，然后发布考试通知，同时完成考场的编排、试卷的保存等工作。学生根据安排参加考试，然后教师阅卷统计成绩。教务处汇总考试成绩信息并发布。

（4）阅卷评分管理流程。在原有业务流程中，阅卷评分业务主要是教师参与。教师在考试结束后，收集试卷封存好。在批改的时候先拆封，然后分工批改，统计题型得分，针对考试情况撰写考试分析，提交给教务处。传统的阅卷批改方式，需要耗费教师大量时间，并存在人为因素的影响，效率较低。

（5）考试基本信息管理流程。在原有业务流程中，主要是教师负责信息的采集、录入工作。教师收集自己所教的课程、班级信息，填写到纸质档案信息中。每次考试完成后汇总登记考试成绩，做成纸质报表提交至教务处。对于试卷和题库信息，也是通过查询纸质材料完成。效率较低，安全性不高，存在容易出错等问题。

3. 业务流程优化分析

业务流程优化是一项通过不断发展、完善、优化业务的流程，在流程的分析和实施过程中，对业务流程进行不断的改进，以期取得最佳的效果。在上一节对中小学在考试管理过程中的主要业务进行分析，发现了部分问题和需要完善的地方，因此对系统原有业务进行优化，使用在线考试管理系统取代费时费力的人工操作，提高考试管理的科学化和信息化。

（1）题库管理再造业务流程。题库管理再造业务流程主要是教师进行题库管理。对比原有业务流程，主要有以下优化。

第一，试题查询：对试题查询进行了优化，使用在线考试管理系统进行试题查询，直接查询系统数据库和互联网资源信息，使得教师查询试题更加方便快捷，极大地提高了查询的效率。

第二，试题录入：新增了试题导入功能，用户在题库查询过程中，可以直接将试题导入题库，同时也可以进行手动导入，提高了试题录入的效率。

第三，题库维护：新增题库维护功能，用户可以对题库进行复制、删除、导出操作，信息化程度更高，节约了大量的时间。

第四，题库统计：新增题库统计功能，方便用户管理维护题库，可以通过题型或者知识点等方式查询题库内试题数量，根据用户需要进行题库管理业务。

确定题库课程业务步骤的数据约束：必须读取题库内课程信息，系统管理员设置选择课程信息，选择题库课程必须在管理员设置好题库课程之后。

确定试题类型业务步骤的数据约束：必须读取题库内试题类型信息，系统管理员设置选择试题类型信息，选择试题类型必须在管理员设置好试题类型之后。

去除重复试题业务步骤的数据约束：必须在读取题库内试题类型信息搜索到匹配的试题之后。

查询题库容量业务步骤的数据约束：必须读取用户权限，系统管理员可以设置用户权限信息。

选择统计类型业务步骤的数据约束：必须读取知识点和题型信息，在选择教材版本课程信息之后。

（2）试卷生成再造业务流程。试卷生成再造业务流程主要是教师进行组卷，生成试卷并提交教务处审核的过程。对比原有业务流程，主要有以下优化。

第一，自动组卷：新增了自动组卷功能，教师用户搜索题库，选择合适的题型和知识点，系统自动生成匹配的试卷题型。极大地方便教师出题，节约了大量的时间。

第二，人工组卷：优化人工组卷业务。教师可以自由选择人工或者自动组卷，也可以在自动组卷后手动补充，使得试卷生成更加方便灵活。

第三，试题审核：优化了试题审核业务，教师在完成组卷后，直接在线提交教务处审核，速度快，节约时间和物质成本，也更加方便教务处对试卷材料进行存档，提高安全性。

第四，试卷生成：优化了试题生成业务，教务处在线审核试卷后，对于审核通过的试卷，可以直接以电子稿的形式保存，省去了原有业务流程中复杂的扫描印刷环节。

确定试卷课程业务步骤的数据约束：必须读取科目信息，系统管理员设置选择课程信息，选择试卷课程必须在管理员设置好课程信息之后。

确定试卷类型业务步骤的数据约束：必须读取题库内试卷类型信息，系统管理员设置选择试卷类型信息，选择试卷类型必须在管理员设置好试卷类型之后。

提交审核业务步骤的数据约束：必须在生成试卷之后，教务处审核试卷信息之前。

生成试卷业务步骤的数据约束：必须在教务处审核通过试卷之后。

（3）在线考试管理流程优化。在线考试主要是教务处安排学生考试，教师进行监考阅卷工作。对比原有业务流程，主要有以下优化。

第一，考试安排：优化考试安排业务，教务处直接在线发布考试安排，省去了原来纸质通知考试安排。无纸化办公更加准确高效。

第二，在线考试：新增在线考试功能，过去传统学生都是坐在教室中进行考试，现在学生统一去机房进行在线考试，在监考、阅卷、分数统计方面都简化了，考试过程更加科学智能。

第三，异常处理：新增异常处理业务功能，针对中小学生在在线考试过程中可能碰到的部分问题，如硬件问题，系统报错等，教师在考试过程中需要处理。

第四，成绩发布：优化了成绩发布功能，教务处可以直接在线发布成绩，方便教师学生进行查询。

在线发布业务步骤的数据约束：必须先录入考试安排，在指定考试安排之后。

学生用户登录业务步骤的数据约束：必须读取用户信息，用户有考试权限。

学生用户答题业务步骤的数据约束：必须是用户登录在线考试系统，进入在线考试模块，系统读取用户信息和权限之后。

提交试卷业务步骤的数据约束：在用户答题完毕之后、考试结束之前。

在线批改业务步骤的数据约束：在学生用户提交试卷之后、统计分数业务之前。

审核成绩业务步骤的数据约束：必须在教师用户提交考试成绩审核之后。

（4）阅卷评分管理流程优化。阅卷评分管理主要是教师进行阅卷工作，然后提交给教务处审核。对比原有业务流程，主要有以下优化。

第一，阅卷管理：优化考试安排业务，传统的阅卷方式都是将阅卷人集中至一个地方进行统一阅卷。在业务流程优化中，教师可以直接登录考试管理系统进行阅卷，不再需要集中到教室或者办公室。并且客观题系统自动批改，更加高效智能，大大提高了阅卷的速度和质量，节约了大量的时间成本。

第二，阅卷进度查询：新增阅卷进度查询功能，教务处可以随时查询到教师的阅卷进度，相比传统的阅卷模式更加智能化。

第三，得分统计：优化得分统计业务，原有业务中需要教师手动统计每个题型或者知识点的得分情况，在业务流程再造中，使用考试管理系统直接统计每题得分，计算平均分等数据，直观快捷。

第四，成绩分析：优化了成绩分析业务，在考试管理系统中，可以直接查询班级成绩、年级成绩、班级平均分、年级平均分等信息，免去了人工统计分析的烦琐。基于得分统计，教师可以在线提交考试成绩分析，教务处也可以实时查看相关成绩数据。

确定阅卷方式业务步骤的数据约束：必须读取阅卷内容信息，系统管理员设置选择阅卷方式，选择阅卷方式必须在管理员设置好阅卷方式之后。

确定批改内容业务步骤的数据约束：必须读取试卷信息，系统管理员设置选择批改内容信息，选择批改内容必须在管理员扫描上传试卷信息之后。

查询阅卷进度业务步骤的数据约束：必须读取阅卷信息，在教师进行阅卷管理之后。

统计得分业务步骤的数据约束：必须读取阅卷信息，在成绩分析之前，教师进行阅卷管理之后。

(5) 考试基本信息管理流程优化。考试基本信息管理主要是教师和系统管理员维护考试的基本信息，对比原有业务流程，主要有以下优化。

第一，课程班级信息管理：优化课程班级信息管理，教务处录入课程班级信息后，管理员进行维护，不再需要教师进行手动输入，提高工作效率，并且对班级课程信息进行统一管理，更加科学规范。

第二，考试成绩管理：优化考试成绩管理，管理员根据考试结果对考试成绩信息进行维护，方便广大师生进行查询，同时也要保证成绩的公平性。数据保存更加方便，也便于教师及教务处工作人员等进行查询。

第三，试题题库信息管理：优化试题题库信息管理，对试题和题库信息上传考试管理系统，统一管理，方便查询。

录入课程信息业务步骤的数据约束：必须读取用户权限，系统管理员配置系统用户权限。

录入班级信息业务步骤的数据约束：必须读取用户权限，系统管理员配置系统用户权限。

管理考试成绩业务步骤的数据约束：必须读取用户权限，在在线考试完成之后。

查询试题题库信息业务步骤的数据约束：必须在选择查询方式之后。

(6) 考试系统管理流程优化。考试系统管理的主要业务功能优化包括四项。一是用户管理：管理系统用户信息、配置用户的权限信息等。二是题型参数配置：管理员配置题型参数信息，方便教师用户进行录入。三是系统数据备份：对系统的考试基本信息、用户信息、系统设置等信息进行备份。四是系统日志管理：查询系统的操作日志。

查询条件业务步骤的数据约束：必须读取用户的个人信息，判断是否拥有查询权限。

维护用户信息业务步骤的数据约束：读取用户信息之后，保存修改用户信息之后。

进行备份业务步骤的数据约束：在读取系统数据之后，必须先选择需要备份的系统数据内容。

（7）系统基础信息管理流程。考试系统基础信息管理的主要业务功能包括以下内容。一是学校信息管理：管理使用在线考试系统的中小学学校信息。二是部门信息管理：管理学校部门的相关信息。三是系统信息查询：查询考试管理系统的基础信息。对比原有业务流程，可以优化对于学校和部门基本信息的管理，可以维护编辑中小学学校及其校内部门的基础信息。通过查询可以了解相关学校部门、部门信息等基础信息。查询可以按照时间、状态或者编号为条件。

（二）中小学在线考试系统的功能分析

1. 系统角色分析

通过对中小学在线考试管理系统的业务分析，按照结构和权限对系统用户角色进行划分，可分为教师、学生、教务处和系统管理员。结合中小学考试管理实际业务场景，系统涉及的角色职责和功能描述包括以下内容。

（1）教师：主要负责题库管理、试卷生成，参与在线考试，对试卷进行阅卷评分，系统的主要参与者。

（2）学生：主要参与在线考试。

（3）教务处：主要参与试卷生成中的试卷审核，制定考试安排计划，发布考试成绩，是系统的主要参与者。

（4）系统管理员：主要负责在线考试管理系统的维护管理。

2. 系统功能结构分析

（1）总体功能结构。中小学在线考试管理系统主要是对中学小学的在线考试进行管理。系统主要有七个子模块，分别是：题库管理、试卷生成、在线考试、阅卷评分、考试基本信息管理、考试系统管理和系统基础信息管理。研究分析中小学在线考试管理系统，一方面提高了试卷试题的公平合理性，维护考试的质量，减轻一线教师的工作压力；另一方面也帮助学生进行自主学习，考试的形式更加灵活多样。

（2）子功能结构。

第一，题库管理结构。题库管理包括了试题查询、试题录入、题库维护、题库设计四个子模块，是系统的核心功能之一。教师用户在使用题库管理过程中，能够方便进行试题的查询与录入，可以进行一键导入题库，同时能够维护题库数据，更新最新的试题信息。

题库管理对安全性的要求很高，并且应该具有一定的稳定性和可扩展性。

第二，试卷生成结构。试卷生成管理包括了自动组卷、人工组卷、科目题型配置、试卷审核、试卷生成五个子模块，是系统的核心功能之一。试卷生成管理模块主要提供给教师自动组卷或人工组卷模块或两者相结合的组卷模式。教师先应该登录在线考试系统，进入试卷生成管理即可开始组卷，通过对题库的搜索和试题预览，勾选需要的试题，然后编辑试卷名保存即可，经提交审核通过后最终生成考试试卷。

第三，在线考试管理结构。中小学在线考试管理包括了考试安排、在线考试、成绩发布和异常处理四个子模块，是系统的核心功能之一。学生用户登录中小学在线考试管理系统后，在教师的辅助下可选择相应的考试试卷进行考试。在考试过程中可能出现机器故障、系统出错等异常情况，此时就需要教师对异常情况进行处理。学生在完成考试后点击提交试卷，或者系统自动计时，考试到时将自动保存学生作答信息。教师根据需要选择阅卷的类型，系统会自动保存学生的作答信息。考试结束后学生登录中小学考试管理系统在线查阅标准答案，不受地点的限制。

第四，阅卷评分管理结构。阅卷评分管理包括了阅卷管理、阅卷进度查询、得分统计、成绩分析四个子模块。阅卷功能的设计极大地方便教师进行阅卷，教师只要根据账号密码登录系统即可进行阅卷。在阅卷结束后对题型或者知识点进行得分统计，对年级或者班级进行成绩分析，可以直观地了解班级年级的教学质量情况，为不同水平的学生制定不同的教学方案，教学更加人性化，考试更加科学和规范。

第五，考试基本信息管理结构。考试基本信息管理由课程班级管理、考试成绩管理、试题题库管理组成。主要是对系统的基本信息进行管理，为了安全起见，对于考试成绩的修改需要管理员权限。

第六，考试系统管理结构。考试系统管理包括用户管理、题型参数配置、系统数据备份、系统信息查询四个子模块。主要是对在线考试管理系统进行管理和维护。针对系统用户进行信息维护、权限配置等操作。管理员还可以设置题型、知识点的参数。出于安全考虑，系统提供数据备份与信息查询功能。

二、中小学学籍管理系统

（一）中小学学籍管理系统的业务分析

1. 业务描述分析

中小学学籍管理系统要深度融合学籍系统和学籍管理日常业务，建立学籍管理统一化、网络化的学籍管理系统平台。通过中小学学籍管理系统平台，让学生、学校和教学主管部门快速、便捷地实现学生的入学管理；学籍档案、学籍异动管理；学籍事务办理；在完成基础数据管理的基础上实现对相关信息的查询和统计功能，完成学生在校期间的学籍事务的管理。以此为出发点，根据中小学生学籍管理的特点与要求，结合先进计算机技术与网络技术，分析当前处理方式中存在的问题，然后简要描述结合信息化处理方式，对业务处理过程进行分析和重构，并以泳道图的形式对内容进行形象化阐述。

（1）组织结构分析。当前在学籍管理工作中，需要与多个部门相互协作并接入其内部电子政务系统，以便实现数据的交互和共享。同时，部分业务功能模块必须向业务相关的主管部门、协作机构开放，以保证系统的实用价值和可用性。根据系统建设的要求，绘制教育局下属的各级教学管理机构的组织结构图。

（2）业务问题概述。要实现中小学学籍管理的信息化，并建立统一的学籍管理系统。在系统建设过程中，要将中小学学籍管理的日常业务融入管理系统中，重点围绕学生的入学管理；学籍档案、学籍异动管理；学籍事务办理；在完成基础数据管理的基础上实现对相关信息的查询和统计功能，将系统划分为六个核心业务管理功能，建立中小学学籍管理统一化、网络化的学籍管理系统平台。

2. 原有业务流程分析

在中小学学籍管理系统建设前期，系统分析人员要对学籍管理的原有业务流程进行分析，围绕学籍管理的核心业务，结合单位的组织机构，对当前学籍管理工作管理和执行流程进行描述，并对存在的问题和需要完善的内容进行分析和描述。在对原有业务流程分析的基础上，为后续新系统的开发与设计提供参考和依据，加强了解系统业务核心。

（1）入学管理流程。在原有的学生入学管理过程中，对于入学学生的报名信息资料的管理，主要采用的是文本资料的填写、收集与整理。且在对学生入学资格的审核过程中需要在众多的纸质资料中进行查找、核对与审核，以致工作效率低下，浪费大量的人力、物力与时间。而且各个学校的文档资料的格式不统一，这也给管理工作带来了麻烦。对于具有入学资格的学生，目前的管理流程是：在办理入学手续时登记基础信息，由负责教务的工作人员进行人工分班，分班完成后再手动给学生分配学号信息，进行制作学生名册，最后将学生详细信息录入教学系统。在现有管理流程中存在数据重复录入，人工参与工作任务多，导致管理业务之间的不协调和业务处理进度的滞后。

（2）学籍档案管理流程。在原有的学生学籍档案管理过程中，对于学生的学籍档案信息资料的管理，主要采用的是文本资料的填写、收集与整理，管理工作主要由人工操作完成，对于业务执行过程缺乏监督与控制。对于在校学生的学籍档案信息资料的管理，目前的管理流程是：在由负责学籍工作的教务管理人员，事先制定统一格式的学籍档案信息表，学生入学后，手工填写学生的学籍档案信息内容，并收集相应的资料信息，完成学生的学籍档案后，以班级为单位将学生学籍档案进行存放与管理。每学期期末时或有特殊学籍档案资料需要加入档案时，执行进档操作，因学生人数较多，学籍档案进档业务处理时间周期长、任务重，难免造成错误和疏漏。

（3）学籍异动管理流程。在原有的学籍异动管理过程中，对于学生的学籍异动业务的申请、审批和管理，主要采用的是学生或家长提出口头申请，经过与学校的沟通后，填写文本的申请资料的内容，由学校主管领导审批，审批通过后由学籍管理人员对学籍异动业务进行处理，办理完成全部事宜后开具相应证明材料。学籍异动业务的管理工作主要由人工操作完成，且具体操作只在学生所在学校能找到相应的资料，对于业务执行过程缺乏监督与控制，且不利于统一的监督和管理。

（4）学籍事务办理流程。在原有的学籍事务办理过程中，对于学生的学籍事务办理，主要工作集中于学生毕业事务的办理，学生完成所有学业任务后，由所在班级班主任统计学生的成绩信息，将毕业生信息上报学校，学校进行简单的核查后，办理学生毕业资料的汇总，并制作毕业证书。毕业证书由班主任下发给学生。毕业生工作的管理主要由人工操作完成，且具体操作只在学生所在学校能找到相应的数据资料，对于业务执行过程缺乏监督与控制，且不利于全市统一的监督和管理。

（5）查询统计管理流程。在原有的查询统计管理过程中，对于学生档案、成绩等基础数据信息、资料的管理，主要采用的是纸质文档的保存、收集与整理。学校管理人员如果需要对学生的资格进行查询或统计工作，则需要在诸多的纸质资料中进行查找、核对，并最终汇总成需要的或者有价值的统计分析数据，这种管理方式工作效率低下，浪费大量的人力、物力与时间。对于现有的查询统计管理，目前的管理流程是：学校教学领导了解学生的某种数据的统计分析信息，部门主管领导下发工作任务，由负责教务的工作人员对数据信息项目进行查询，并汇总基础数据，进而对数据项目进行统计，生成统计报告提交给主管领导。在现有的查询统计管理流程中，数据查询难度大，工作量大，业务处理进度缓慢。

（6）基础数据管理流程。在原有的基础数据管理过程中，对于学生档案、成绩等基础数据信息、资料的管理，主要采用的是纸质文档的保存、收集与整理。对于学生成绩信息的管理，由教务管理部门制定统一的成绩登记表，任课教师根据学生信息与学生考试情况，填写成绩登记表，完成成绩登记后，与试卷信息一起上交教务管理部门进行保存与管理。而学生档案信息，则是由学籍档案管理人员，根据学生入学信息，制作学生档案材料，并将学生成绩等档案资料定期存入学生档案中。这种管理方式工作效率低下，浪费大量的人力、物力与时间。且教务管理部门与学籍管理部门缺乏沟通与协作，业务处理周期较长。对于现有的基础数据管理，目前的管理流程是：由任课教师手工填写学生成绩，并将成绩登记表上交教务管理部门。教务管理部门则将学生个人成绩信息及需要存入学籍档案中的资料提交给学籍管理人员存入学生个人档案并负责资料的管理和维护工作。在现有的基础数据管理流程中，数据查询难度大，工作量大，业务处理进度缓慢。

3. 业务流程再造分析

中小学学籍管理系统的优化，要围绕学籍管理的核心业务，结合单位的组织机构，对现有的管理模式中存在的问题进行分析和完善，通过对原有学籍管理业务的流程的分析，对学籍管理的核心业务进行分析与设计，并给出经改造后的优化业务流程。在中小学学籍管理系统平台上，为学生、学校和教学主管部门提供全面、及时、准确的资料信息，围绕学生的入学管理；学籍档案、学籍异动管理；学籍事务办理；在完成基础数据管理的基础上实现对相关信息的查询和统计功能，加强学校管理部门之间、学校与学校之间、学校和教学主管部门之间的交流与沟通，打破现有学籍管理的局限性，构建统一、网络化的中小学学籍管理系统平台。

(二) 中小学学籍管理系统的功能分析

在中小学学籍管理系统的功能分析工作中，主要完成学籍管理系统中核心业务的功能分析，确定为满足学籍管理统一、规范化要求而必须实现的功能，并对具体功能模块进行描述，确定功能模块需要完成的任务，保证业务实现与系统需求的一致性。

1. 系统角色分析

在中小学学籍管理系统平台中，为方便日常管理工作，根据用户的工作职责，将用户划分为：学生、学籍管理员、学籍档案管理员、学校学籍主管、学校管理员、区镇学籍主管及系统管理人员。系统各角色及其职责或功能如下。

（1）学生：系统主要参与者，也是系统管理的对象和数据来源，在中小学学籍管理系统平台中学生完成新生入学申请操作，在有需要的情况下进行学籍异动申请，并了解自身学习情况。

（2）学籍管理员：系统主要管理者之一，在中小学学籍管理系统平台中完成绝大部分学籍管理工作，具体包括成绩、学生学号、学生名册、班级学生、学籍异动、学籍事务办理等业务操作工作内容。

（3）学籍档案管理员：系统主要管理者之一，在中小学学籍管理系统平台中完成绝大部分学籍档案管理工作，具体包括学籍档案初建、学籍材料进档、学籍材料撤出登记、学籍档案迁移登记、查档审批、查档登记等工作。

（4）学校学籍主管：系统主要管理者之一，同时也是学校学籍管理的负责人，在中小学学籍管理系统平台中完成学籍管理事务的审核性工作，具体包括入学资格审批、学籍异动审批、学籍材料撤出审批、学籍档案迁移审批、毕业资格审查和分班规则管理等工作。

（5）学校管理员：在中小学学籍管理系统平台中，学校管理员负责学校部分的基础性数据（如班级信息、学校描述信息等）的管理与维护工作。

（6）区镇学籍主管：系统管理者之一，主要人员为各教学管理机构学籍事务主管领导，在中小学学籍管理系统平台中主要完成全局性管理、审核与分析工作，具体包括学生人数统计、学籍异动情况查询与统计、毕业生资格审批等工作。

（7）系统管理员：负责系统平台的日常管理工作，具体管理的信息内容包括基本信息管理（学校、学期、学号规则、学籍档案编目等信息）及系统平稳运行的管理工作。

2. 系统功能包分析

（1）总体功能包。

中小学学籍管理系统一共分为七个包——入学管理、学籍档案、学籍异动、学籍事务办理、查询统计、基础数据和系统管理。

（2）子功能包。

第一，入学管理包。在入学管理再造业务流程中，对入学管理工作中涉及的资料信息的录入进行了规范，同时对业务处理顺序进行了调整和优化。具体业务处理顺序及内容是：根据学生提交的入学报名信息，对学生的入学资格与条件进行审核；审核通过后，对确认入学的学生信息进行统计，生成新生入学信息表；将入学信息表导入系统平台，作为最初始的学生数据；根据学生学情、人数情况对入学新生进行班级的编排；对编排好班级的学生根据学号编号规则分配学生学号；根据学号为分配完成的班级学生制作班级名册，并提供名册打印功能。因此，入学管理包中主要涉及新生入学申请、新生分班、学号分配和学生名册管理四个子包。

第二，学籍档案管理包。在学籍档案管理功能中，主要完成学生的学籍档案的日常管理工作。根据学生的入学基本信息按照学籍档案管理的规范要求完成学籍档案编目设定；收集学籍档案中需要提交学生档案资料完成学籍档案初步建立工作；每学期日常学生档案材料（如学生成绩、考核信息等）进档、特殊学籍材料（如学生获奖励、处分等）进档；当学生发生毕业、退学、转学等学籍异动需要撤出学籍材料时，对学籍档案撤出进行申请、审批、登记的管理业务操作；当上级部门、兄弟院校或本校教职工需要查询学生学籍档案时，进行申请、审批、登记的管理业务操作；当学生发生休学、复学等学籍异动需要迁移学籍材料时，对学籍档案进行申请、审批、登记等管理业务操作。因此，学籍档案管理包中主要涉及学籍档案编目、学籍档案初建、学籍材料进档、学籍材料撤出、学籍档案查询和学籍档案迁移六个子包。

第三，学籍异动管理包。当学生学籍发生异动时，需及时、全面地将异动信息提交给上级或兄弟部门，同时也需要出具相应的证明材料，学籍事务办理业务功能则是完成与此相关的业务处理。具体包括：当有学生转出时，转学申请表提交并制作转学联系函；当有学生转入时，制作转学接收函并出具转学证明；当学生办理休学、复学、退学时向上级主管部门提交申请表并出具相应证明；当学生正常毕业时，向上级主管部门提交毕业生审核材料，并完成毕业证书的制作与下发。因此，学籍异动管理包中主要涉及学籍异动申请、学籍异动申请审核和学籍异动办理三个子包。

第四，学籍事务办理包。在基础信息数据库中，教职工可以查询学生的个人基本信息，同时也可以按行政班级、年级导出学生花名册或进行学生人数的统计；根据学生学籍档案基础信息完成学生学籍信息表的查询与制作；学校各职能管理部门可以根据工作需要对全校学生人数进行统计，也可以对学籍异动的信息查询与统计。因此，学籍事务办理包中主要涉及转学事务办理、休学事务办理、毕业事务办理、复学事务办理和退学事务办理五个子包。

第五，查询统计管理包。在基础信息数据库中，教职工可以查询学生的个人基本信息，同时也可以按行政班级、年级导出学生花名册或进行学生人数的统计；根据学生学籍档案基础信息完成学生学籍信息表的查询与制作；学校各职能管理部门可以根据工作需要对全校学生人数进行统计，也可以对学籍异动的信息查询与统计。因此，查询统计管理包中主要涉及学生信息、学籍息管理和毕业生信息管理三个子包。

第六，基础数据管理包。在基础数据管理功能中，主要是由系统管理员、学籍管理员和学校管理员共同完成学籍管理平台中所需要的基础数据的管理与维护工作。具体包括部门基本信息及其描述信息的维护与管理：学生成绩、年级、班主任、班级信息的维护与管理。因此，基础数据管理包中主要涉及成绩、学校、学校描述、学期管理和班级信息管理五个子包。

第七，系统管理包。系统管理功能中主要完成学籍管理系统平台中所需要的数据的管理与维护工作。因此，系统管理包中主要涉及用户、角色、数据、日志以及权限管理五个子包。

第二节 中小学校舍信息管理系统及其应用

一、中小学校舍信息管理系统的需求分析

（一）系统需求分析

中小学校舍信息管理系统的设计与实现，将可以为中小学校舍安全工程、学校标准化建设、校舍管理提供支撑和服务；可以提高各级对校舍安全管理的水平与质量，为中小学校舍管理提供一套完备且统一的管理平台，进一步提高校舍安全系数。在中小学校舍信息管理系统中，学校及校舍信息数据审核需要各级相关部门对其进行审核及监督查看。在对学校及校舍信息的数据进行管理时，首先，要录入学校及校舍信息数据，其中，区县级用户可以录入管辖下的学校及校舍信息数据，而地市级用户可以查看录入管辖下的所有学校及校舍信息的数据录入进展情况。其次，在数据录入完成后，学校级用户或区县级用户对录入的数据进行监控与校验，在数据校验出错后，可以对已录入的数据进行修改。最后，由高于数据录入用户级别的用户对录入的数据进行审核，如果审核通过，则可以进入数据变更的业务；如果审核未通过，则由数据录入用户对数据进行修改。在数据变更的情况下，有以下内容：①根据学校实际情况，进行变更；②在数据审核通过后，再对数据进行变更，需要进行变更申请，申请后，数据录入修改数据，由高级别的用户对变更的数据进行审核，审核通过后，数据管理业务结束，如果审核不通过，再次由数据录入用户对数据进行修改。

（二）系统角色分析

中小学校舍信息管理系统的功能主要有：学校及校舍概要、校安工程管理、统计分析、数据管理与系统管理。在对校舍及学校信息进行管理时，有学校人员、区县人员与地市级人员。因此，中小学信息管理系统的角色分别为：学校用户、区县用户与地市级用户。学校用户、区县用户与地市级用户被赋予不同的功能权限。

学校用户的功能权限有四项。①学校及校舍概要：学校中的学校信息管理、校舍信息管理、概况信息；②校安工程管理：校舍建筑安全排查管理、校舍鉴定管理、工程实施管理、安全监控与预警；③统计分析；④数据管理：数据录入进展情况、数据监控、数据

变更。

区县用户的功能权限有五项。①学校及校舍概要；②校安工程管理：规划信息管理、工程资金管理、工程服务、校舍场址安全排查管理、校舍建筑安全排查管理、校舍鉴定管理、安全监控与预警；③统计分析；④数据管理；⑤系统管理。

地市级用户的功能权限有五项。①学校及校舍概要；②校安工程管理：工程资金管理、工程服务、安全监控与预警；③统计分析；④数据管理：数据录入进展情况、数据审核、数据变更；⑤系统管理。

（三）系统数据分析

在不同的功能模块中，功能模块所需要的数据也会有所不同。在学校及校舍概要功能模块中，主要有学校基本信息与校舍信息。在校安工程管理功能模块中，有学校布局规划信息、工程资金信息与校安办机构人员信息等。在统计分析功能模块中，主要的数据为校安工程管理、学校及校舍概要功能中的数据。在数据管理功能模块中，主要是对校安工程管理、学校及校舍概要功能中的数据进行录入、审核与变更的操作。因此，数据管理功能中的数据也就是校安工程管理、学校及校舍概要功能中的数据。在系统管理功能模块中，主要有用户信息与日志信息等数据。

在数据分析中，主要以学校基本信息为例进行详细说明与阐述。在学校基本信息中，主要包括学校代码、组织机构代码、学校名称、学校主管部门、学校类别、学校办别、学校举办者类型、学校举办类别、学校所在地区类别、学校地址、邮政编码、校长姓名、校长手机号码、电子邮箱、电话号码、传真号码、土地证号、学校土地产权、寄宿制形式、建校年代、是否边境学校、是否分校区、分校区名称、数据采集填表人、数据采集填表日期、数据采集审核人、数据采集审核日期。

（四）系统功能性分析

1. 学校及校舍概要功能

学校及校舍概要是学校及校舍信息的记录、新增、修改、删除与管理等的操作。在对学校及校舍概要功能进行叙述时，主要采用统一建模语言（UML）用例图与用例规约表的形式进行阐述。UML用例图可以将用户角色与其功能权限相对应，能够让设计者与开发者对用户角色与系统功能间的关系一目了然。学校及校舍概要功能包括监控地图、学校信息管理、校舍信息管理、概况信息。

（1）监控地图。只有区县用户与地市级用户才拥有监控地图的功能权限。监控地图功能包括学校查询。监控地图显示了用户所管辖范围内所有学校的地形、地貌等信息。在监控地图上，可以显示出该区域内所有的学校，包括区县所属的中小学或地市所属的中小学。所有中小学在地图上以红色图标显示。当用户操作在红色图标上进行悬停时，可以查看到该学校的基本信息，如学生人数、教师人数、校舍栋数、校舍建筑面积等信息，可以进入该学校的链接页面来查看学校的基本信息。在对学校进行查询时，可以通过学校名称的查询选项进行查询，也可以通过模板查询选项进行查询。

（2）学校信息管理。学校信息管理是指系统用户对学校基本信息、学校图片信息、学校视频信息、学校信息审核及系统用户对学校的增加、删除、修改与查询等的管理操作。学校用户、区县用户与地市级用户都拥有学校信息管理的权限，其中学校用户拥有学校信息管理功能中的校区维护、校园照片维护与校园视频维护三个子功能。学校信息管理功能包括新增学校、删除学校、校区维护、下属学校维护、查询学校、导入模板、导出模板、学校基本信息维护、校园多媒体维护、校园视频维护。

新增学校是指区县用户、地市用户对所属管辖范围内学校的新增操作。删除学校时，只需要选中要删除的学校进行删除即可。删除学校后，与删除学校相关的其他数据信息也会被删除。

校区维护是指对学校用户或区县用户、地市用户对学校校区的管理操作。校区维护功能包括新增校区基本信息与删除校区。在新增校区基本信息时，需要填写学校代码、组织机构代码、学校名称、分校区名称、学校主管部门、学校组别、学校办别、学校举办类别、学校举办者类型、学校所在地区类别、学校地址、邮政编码、校长姓名、电子邮箱、校长姓名、电话号码、校长手机号码、传真号码、学校土地产权、土地证号、寄宿制形式、建校年代与是否边境学校等信息，填写完成后，保存即可。在删除校区时，选择要删除的校区进行删除即可。

下属学校维护功能是指区县用户、地市用户对所管辖学校的维护，包括新增下属学校与删除下属学校。在新增下属学校时，需要填写学校的基本信息，与新增学校的信息相同，在此不做赘述。填写完成后，保存即可。删除下属学校时，在下属学术信息列表中，选择要删除的下属学校，进行删除即可。

查询学校是指区县用户、地市用户对所管辖范围内学校的查询。查询学校时，可以输入学校名称进行查询，还可以通过学校所在地进行查询，也可以通过学校类别或校长姓名等信息进行查询。

导入模板是指对区县用户、地市用户对所管辖范围内的学校账号的导入模板。在批量导入学校账号时，需要先从系统中下载模板，然后根据系统所提供的模板填写学校账号及学校的其他信息，填写完成后，就可以将模板表格导入系统中。

导出模板是指区县用户、地市用户导入学校账号时所需要的模板。在区县用户批量导入学校账号时，首先要从系统中下载模板，即导出模板。

学校基本信息维护是指区县用户、地市用户对学校基本信息的管理操作。学校基本信息维护功能包括修改学校信息、修改记录与历史信息浏览。在修改学校信息时，可以对学校的信息进行修改，修改完成后，保存即可。历史信息浏览时，可以浏览学校基本信息历史信息列表，在此信息列表中，不仅可以看到学校的基本信息，也可以查看到修改的时间、备份说明、备份时间、编号等信息。修改记录时，可以查看审批前变更历史记录，包括对学校信息进行修改的字段、修改前值、修改后值、修改人、修改时间与修改单位，如修改的字段为土地证号、数据采集时间等字段；也可以查看到审批后变更历史记录，如修改字段、修改前值、修改后值、修改原因、修改申请人、修改申请时间、修改申请单位、审批状态、审批人、审批时间与审批单位等信息。

校园照片维护是指学校用户或区县用户、地市级用户对学校多媒体信息的管理操作。校园照片维护功能新增校园照片、修改校园图片与删除校园图片。在新增校园照片时，需要填写拍摄时间、图片名称、图片类型、附件、图片说明等信息，填写完成后，保存即可。在修改校园照片时，可以对拍摄时间、图片名称、图片类型、附件、图片说明进行修改，对于附件可以重新上传附件，填写完成后，保存即可。在删除校园图片时，选中需要删除的图片，选择删除即可。

校园视频维护是指区县用户或学校用户、地市用户对校园视频的管理操作。校园视频维护功能包括新增校园视频、修改校园视频与删除校园视频。新增校园视频时，可以对拍摄时间、视频名称、附件、视频说明等信息进行填写，填写完成后，保存即可。修改校园视频时，可以对拍摄时间、视频名称、附件、视频说明等信息进行修改。在删除校园视频时，可以选中要删除的视频，删除即可。

（3）校舍信息管理。校舍信息管理是指学校用户、区县用户与地市级用户对学校校舍信息的管理。校舍信息管理功能包括新增建筑物、修改建筑物、删除建筑物、建筑物校区调整。新增建筑物时，需要填写建筑物编号、建筑物用途代码、建筑物名称、开工日期、竣工日期、结构类型、建筑物设计抗震设防烈度、建筑层数、建筑物总高度、基础形式、平面形式、楼板形式、构造柱、圈梁、供暖方式、设计（合理）使用年限、审计单位名称、审计单位法人代表、审计单位资质、审计单位审计报告号、设计及施工技术资料是否完整存档、建筑面积、教学及辅助用房、其中普通教室建筑面积、实验室建筑面积、图书室建筑面积、微机室建筑面积、语音室建筑面积、体育活动室建筑面积、生活用房建筑面积等信息。填写完成后，保存即可。在修改建筑物时，可以对建筑物信息进行修改，修改完成后，保存即可。在删除建筑物时，选中要删除的建筑物进行删除即可。建筑物校区调整是指在所管辖范围内，对建筑物进行所属校区的调整。选择要调整的建筑物，然后选择更改校区即可。

（4）概况信息。概况信息是指对学校教师、学生及学校与校舍信息、投资情况信息的概括。概况信息功能包括学校教师学生情况查看与学校校舍及投资情况查看。在对概况信息进行查看时，选择要查看的学校，对其相应信息进行查看即可。

2. 校安工程管理功能

校安工程管理是指对涉及学校安全工程的管理，校安工程管理功能包括规划信息管理、工程资金管理、工程服务、校舍场址安全排查管理、校舍建筑安全排查管理、校舍鉴定管理、工程实施管理、安全监控与预警。

（1）规划信息管理。规划信息管理功能是指区县用户对学校布局规划信息的管理。规划信息管理功能包括学校布局规划信息维护。学校布局规划信息维护是指对学校布局规划信息的新增、修改、删除与修改记录的管理操作。

在新增学校布局规划信息时，需要填写调整学校布局的单位名称、新建学校信息、撤销学校信息、合并学校信息、迁移学校信息等信息，填写完成后，保存即可。其中，新建学校信息包括预设学校代码、学校类别、详细地址、服务半径、规划执行时间与规划校舍建筑面积、学校名称、教学班数、学生人数、覆盖人口数与新建原因；撤销学校信息包括撤销学校名称、撤销学校代码、拟撤销时间、资产处理办法、撤销原因；合并学校信息包括被并学校名称、被并学校代码、并入学校名称、并入学校代码、拟合并时间、资产处理办法、合并后校舍建筑面积与合并原因；迁移学校信息包括学校名称、学校代码、现学校地址、规划迁移学校地址、规划迁移时间。修改学校布局规划信息时，对调整学校布局的单位名称、新建学校、撤销学校信息、合并学校信息、迁移学校信息进行修改。删除学校布局规划信息时，选中要删除的学校布局规划信息进行删除即可。修改记录是指对修改前与修改后的字段、字段值等的记录。

（2）工程资金管理。工程资金管理功能是指区县用户或地市级用户对工程资金的管理操作。工程资金管理功能包括资金预算维护、资金到位维护与资金使用维护。

资金预算维护功能包括对资金预算情况的新增、修改、删除与修改记录。在新增资金预算情况时，需要填写预算单位、预算年度、资金预算、其中中央资金、地方资金、省级资金、地级资金、县级资金、其他资金、学校自筹、捐赠资金及其他等信息，填写完成后，保存即可。修改资金预算时，对预算信息进行修改。在删除资金预算时，选中要删除的资金预算信息进行删除即可。修改记录中，可以查看到预算变更前与变更后的记录。

资金到位维护功能包括对资金到位情况的新增、修改、删除与修改记录。新增新增资金到位情况时，需要填写填报单位、截止时间、到位总金额、其中中央资金、地方资金、省级资金、地级资金、县级资金、其他资金、累计进入县级专户资金等信息，填写完成后保存即可。修改资金到位情况时，对资金到位信息进行修改。删除资金到位情况时，选中要删除的资金到位信息进行删除即可。修改记录中记录了变更前资金到位信息与变更后资金到位信息。

资金使用维护功能包括资金使用情况的新增、修改、删除与修改记录。新增资金使用情况时，需要填写单位、截止时间、支出金额、按来源分、其他资金、按用途分等，填写完成后，保存即可。修改资金到位情况时，对资金到位信息进行修改。删除资金到位情况时，选中要删除的资金到位信息进行删除即可。修改记录中记录了变更前与变更后的资金使用信息。

（3）工程服务。工程服务功能是指区县用户、地市级用户对工程的机构人员信息的管理与维护。工程服务功能包括校安办机构人员信息维护。校安办机构人员信息维护功能包括维护校安办、新增人员、修改人员、删除人员与审核人员信息。在维护校安办时，需要填写地区名称、校安办联系地址、邮编、电话与传真等信息，填写完成后，确认。新增人员时，需要填写成员姓名、成员所属机构、校安工程职务、工作单位、工作单位职务、联系地址、邮编、手机号码、办公电话、传真与 E-mail 信息，填写完成后，保存。

修改人员时，可以对成员姓名、成员所属机构、校安工程职务、工作单位、工作单位职务、联系地址、邮编、手机号码、办公电话、传真与 E-mail 信息进行修改。在删除人员时，选中要删除的人员信息进行删除即可。审核人员信息是指区县用户对学校校安办人员信息的审核；地市级用户对区县学校校安办人员信息的审核。

（4）校舍场址安全排查管理。校舍场址安全排查管理功能是指区县用户对校舍场址安全排查的管理操作，包括校舍场址安全排查进展与校舍场址安全排查结论。校舍场址安全排查进展时，选择要查看的学校校舍场址安全排查信息，进入该学校校舍场址安全排查进展情况列表，在此信息列表中查看到学校代码、学校名称、是否已排查、排查单位、排查完成时间等信息。再选择学校名称，可以进入该学校校舍场址安全排查信息表，在此信息表中，可以查看到地形地貌、学校中心点、地理定位信息坐标、所在地区抗震设防烈度、地震重点监视防御区、地震重点监视防御区级别、位于危险地段等信息。校舍场址安全排查结论时，可以查看到该学校的校舍场址安全排查结论。在此可以查看到学校总数、已完成排查学校数、安全地段、危险地段、避险地段、消除隐患等信息及建议对策信息。

（5）校舍建筑安全排查管理。校舍建筑安全排查管理功能包括校舍建筑安全排查进展与校舍建筑安全排查结论。校舍建筑安全排查进展中的信息包括对该建筑物具体的排查信息，在此信息中包括学校名称、校舍总面积、已排查校舍面积、未排查校舍面积、未排查比例、校舍总栋数、未排查校舍栋数与未排查比例等信息。校舍建筑安全排查结论中的信息包括学校名称、校舍栋数、已完成安全排查校舍数、校舍建筑安全排查结论、需鉴定校舍数等信息。

（6）校舍鉴定管理。校舍鉴定管理功能包括校舍鉴定进展、校舍鉴定结论与排查鉴定安全学校及校舍情况。校舍鉴定进展信息包括所管辖范围内校舍鉴定进展信息表，该信息表中的信息包括校舍总面积、已鉴定校舍总面积、已完成鉴定比例、抗震鉴定面积、安全鉴定面积、抗淹抗洪鉴定面积、抗风能力面积、其他鉴定面积等信息。校舍鉴定结论信息包括校舍鉴定结论信息。选择具体建筑物，可以查看到具体的校舍鉴定结论信息。排查鉴定安全学校及校舍情况中，可以查看到学校名称、学校面积、是否安全、校舍总数、安全校舍数、比例、校舍面积、安全校舍面积与比例等信息。

（7）工程实施管理。工程实施管理功能包括工程实施过程信息的维护与工程实施过程信息审核。工程实施过程信息的维护是学校用户对工程实施过程信息的管理操作。工程实施过程信息的维护功能包括新增工程实施过程信息与删除工程实施过程信息、修改工程实施过程信息。在新增过程实施过程信息时，需要对工程实施的基本信息、总投资信息、设计信息、施工图纸审核信息、施工信息、监理信息、消防验收信息、竣工验收信息、竣工决算信息、数量监督信息、审计信息、安全事故信息、行政责任人信息及实施后单体建筑物情况信息分别进行填写，在填写完成后，保存即可。删除工程实施过程信息时，选择要删除的工程实施过程信息进行删除即可。修改工程实施过程信息可以对工程实施过程信息进行修改，修改完成后确认即可。工程实施过程信息审核是学校用户对工程实施过程信息的审查与核定。工程实施过程信息审核时，需要对工程实施的各项信息逐一审核。

（8）安全监控与预警。安全监控与预警功能是学校用户、区县用户与地市级用户对学校校舍等其他安全方面的监控与预警。安全监控与预警功能包括使用年限预警与未排除危险校舍预警。使用年限预警功能是指对学校校舍超期与校舍到期情况的预警，并可以列出超限年限与建筑物的栋数。在使用年限预警信息中，可以查看到建筑物代码、建筑物名称与到期年份，也可以查看具体建筑物的相关信息。未排除危险校舍预警功能是指对学校纳入工程、未完成工程及未完成施工的校舍数量与情况，以及对校安工程的进程进行预警。在未排除危险校舍预警信息中，可以查看到单体建筑物的是否纳入工程、项目是否完成、施工是否完成等信息，以方便学校用户、区县用户或地市级用户对学校建筑物未排除危险校舍的预警。

3. 统计分析功能

统计分析功能是对学校基本情况、学校排查鉴定情况、单体建筑物、学校投资规划、建设面积等的统计与分析。

（1）常用报表。常用报表功能包括学校基本情况统计、学校排查鉴定情况统计、单体建筑物排查鉴定监控情况统计、学校投资规划统计与单体建筑物改造规划统计。

学校基本情况统计是对该区域范围内学校的校舍安全工程基本情况的统计分析。学校基本情况统计时，所生成的学校基本情况报表中，显示的信息包括学校代码、学校名称、学校占地面积、建筑用地面积、学校数、教学班数、教职工数、在校学生数等。

学校排查鉴定情况统计是对所管辖范围内校舍安全工程，学校进行排查情况的统计。学校排查鉴定情况统计时，所生成的学校排查鉴定情况报表中信息包括按排查情况分对校舍的分类信息、按抗震设防烈度分对校舍的分类信息、地震重点监视防御区学校数、洪涝灾害区易发生区学校数、滑坡崩塌和泥石流灾害易发生区学校数、校址处理危险地段学校数、影响校舍安全的危险或禁止建设地段学校数、存在安全隐患学校、拟撤并学校数等信息。

单体建筑物排查鉴定监控情况统计是指对所管辖范围内校舍安全工程学校单体建筑物排查鉴定情况的统计。单体建筑物排查鉴定监控情况统计时，所生成的单体建筑物排查鉴定监控情况表中，包括对学校代码、学校名称、按照安全鉴定危房面积划分析建筑物信息。其中，安全鉴定危房级别为 A 级、B 级、C 级与 D 级。

学校投资规划统计指对所管辖范围内学校的数量与对应的资金和规划建设信息的统计。学校投资规划统计时，所生成的学校投资规划表中，其信息包括资金来源、资金投入、规划建设内容，其中，资金来源包括中央资金、地方资金与其他资金等；资金投入信息包括对校舍、体育运动场地、绿化、征地与其他附属设施的投入信息。

单体建筑物改造规划统计是指对校舍的中央资金、地方资金与其他资金的来源信息的统计。单体建筑物改造规划统计时，所生成的单体建筑物改造规划表中，其信息包括中央资金、省级资金、地方资金、学校自筹、捐赠资金与其他资金信息。

（2）月报综表。月报综表功能包括排查鉴定工作进展情况统计、资金到位情况统计、学校建设进展情况统计、建设面积完成情况统计。

排查鉴定工作进展情况统计是指对排查鉴定工作进展情况信息的统计。在排查鉴定工作进展情况进行统计时，所生成的排查鉴定工作进展情况报表中，包括现有学校情况、已排查学校情况、已鉴定学校情况等信息。

资金到位情况统计是指对规划总投资、累计投入资金总额及比例、累计进入各学校资金等信息的统计。在对资金到位情况进行统计时，所生成的资金到位情况报表中包括规划总投资、累计投入资金总额、累计投入资金占规划总投资的比例、累计支出资金等信息。

学校建设进展情况统计是指对学校规划改造项目的学校数、累计已开工项目学校数及比例、累计已完工项目数及比例情况信息的统计。在对学校建设进展情况进行统计时，所生成的学校建设进展情况报表中，包括规划改造项目学校数、累计已开工项目学校数、累计已开工项目学校占规划改造学校的比例、累计主体已完工项目学校数、累计主体已完工项目学校占规划改造学校的比例、累计已竣工并交付使用项目学校数等信息。

建设面积完成情况统计是指对规划改造建筑面积、累计已开工建筑面积及比例、累计主体已完工建筑面积及比例等信息的统计。在对建设面积完成情况进行统计时，所生成的建设面积完成情况报表中，包括规划改造建筑面积、累计已开工建筑面积及比例、累计主体已完工建筑面积占规划改造建筑面积的比例、累计已竣工并交付使用建筑面积及在规划改造建筑面积中所占的比例等信息。

4. 数据管理功能

数据管理指对数据的录入、监控、审核与变更等的功能操作，数据管理功能是对数据进行的一系列的管理操作。数据管理功能包括数据录入、数据录入进展情况、数据监控、数据审核与数据变更。

（1）数据录入。数据录入功能包括以学校为单位批量录入、以采集表为单位批量录入。以学校为单位批量录入时，区县用户输入需要添加或修改信息的学校代码，然后进入新增学校基本信息功能中，输入完成后，保存即可。以采集表为单位批量录入时，根据所提供的信息表来填写所需要的信息。所提供的信息表有学校基本信息表、学校详细信息表、单体建筑物详细信息表、排查信息表、校舍鉴定信息表、校安工程规划信息表、校安工程实施工程信息表与校安工程实施后校园情况信息表。其中，排查信息表包括校舍场址安全排查信息表、校舍场址防洪安全排查信息表与校舍建筑安全排查信息；校安工程规划信息表包括学校布局规划调整信息表、校安工程校园规划信息表、校安工程单体建筑物规划信息表。根据需要选择需要的信息表，下载信息表进行填写并上传即可。

（2）数据录入进展情况。学校用户、区县用户与市级用户都可以对数据录入进展情况进行查看或汇总、导出。在数据录入进展情况时，可以查看到所用到的采集表、已录入数据情况、未录入数据情况与数据错误情况等信息，也可以对数据录入进展情况进行汇总或导出。

（3）数据监控。数据监控功能包括数据检验与修改监控。学校用户、区县用户与市级用户都可以使用数据监控功能。数据检验功能可以查看与检验系统中各项指标的数据汇总信息。在数据检验汇总信息中，包括单位代码、单位名称、红牌数量与黄牌数量等信息，其中，红牌数量是指学校信息的错误级别为红牌，最高级别；黄牌数量为学校信息的错误级别，比红牌级别低，其错误为不重要信息。在数据检验信息表中，可以选择进入相应的学校错误信息列表中，进行检验。修改监控是指对学校数据修改的记录。在数据修改汇总信息列表中，可以查看到修改比例预警参数基数、字段修改次数预警参数基数及所修改的表名、总记录数、总修改交次数、修改比例、修改比例预警情况、字段修改次数预警情况等信息。

（4）数据审核。指对学校及校舍概要信息、校安工程排查鉴定情况及实施情况、学校布局规划信息、工程资金信息等审核信息的汇总。在数据审核情况信息表中，可以查看到数据分类、录入总数、各级审核通过情况信息。

（5）数据变更。数据变更功能包括变更查询、变更申请与变更审核。学校用户、区县用户与市级用户可对此功能进行执行。变更查询时，可以通过申请人单位 ID、申请人单位名称、变更时间范围、变更对象与审核状态进行查询。在查询结果信息中，包括申请人单位 ID、申请人单位名称、变更对象、变更表名、变更申请时间与审核状态的信息。变更申请用于对审核通过数据的变更。在变更申请时，要在数据类型中选择要修改的数据对象，最后选择并修改具体内容信息，修改完成后，保存即可。变更审核的权限从低级到高级的审核用户为学校用户、区县用户与市级用户。各级用户进行审核时，先要在变更数据申请表中选择要审核的信息表，进行审核并给出审核意见，包括审核是否通过，若拒绝审核通过，需要填写审核意见以便进行修改。

5. 系统管理功能

系统管理功能是对用户信息、用户附加信息与日志信息的管理。系统管理功能包括用户管理、用户附加信息管理与日志管理。

（1）用户管理。只有区县用户与地市级用户拥有用户管理功能。用户管理功能包括新增用户信息、修改用户信息、删除用户、重置密码、批量创建学校账号、授权用户与用户同步。新增用户信息时，需要填写用户名、用户级别、所属部门、行政区划、真实姓名、人员类别、人员 ID、职位、可用、锁定与密码等信息，填写完成后，保存即可。修改用户信息时，只要选中要修改的用户，然后在用户信息编辑中对需要修改的信息进行修改即可。删除用户时，选择要删除的用户，删除即可。重置密码时，需要输入新密码与确认密码信息后，确定即可。批量创建学校账号时，选择批量创建学校账号，根据学校代码批量创建学校账号。授权用户时，对用户进行授权，包括对用户所拥有的功能进行赋予。用户同步用于当前用户信息维护后，完成用户信息在各级用户中的同步。

（2）用户附加信息管理。用户附加信息管理功能包括对用户附加信息的修改、删除。在对用户附加信息管理时，只需要选中要管理的用户，对其附加信息进行相应的管理操作即可。

（3）日志管理。日志管理是指对系统操作日志的管理操作，包括对操作时间、操作人、操作功能模块、操作类型及具体操作内容等的管理。在日志管理功能中，可以查看、查询日志内容。可以通过操作模块、操作类型进行查询。在查看日志内容时，可以查看到记录 ID、中文表名、表名、列名与字段值等信息。

（五）系统非功能性需求分析

系统非功能性需求分析主要是指除系统主要功能之外，能够满足用户对系统质量及特性要求等的内容。在系统非功能性需求分析中，根据不同功能业务，系统的非功能性需求针对的层面也有所不同。在对中小学校舍信息管理系统的非功能性需求进行分析时，主要从易用性、安全性与可靠性三个方面进行分析。

系统易用性是指对系统的视听感觉、交互设计、是否符合用户的使用习惯、功能业务流程是否优化等的综合评价。对系统易用性评价时，通常从系统的交互设计、系统的视听综合感觉、是否符合用户的使用习惯与功能业务流程是否优化这些方面进行评价。

系统安全性是软件系统质量中一个非常重要的属性，系统安全性是指在软件系统安全生命周期内，应用相关的能够保证系统安全性的技术来提高系统安全性指数，并尽量降低系统运行的错误率或将错误率降低到一个可以控制的范围内。系统安全性的指标主要有安全事故率、平均事故间隔时间、软件安全可靠度与软件出事率。其中，安全事故率为在规定时间与规定条件下，软件出现的事故总数与寿命单位总数之比；平均事故间隔时间为软件事故率的倒数；软件安全可靠程度为在规定的条件与时间内，软件运行过程中不出现错误的概率；软件出事率为软件运行过程中出现错误的概率。在对中小学校舍信息管理系统的安全性进行设计时，对系统安全性设置的指标：安全事故率为单位时间内至多出现 2 次；平均事故间隔时间至多为半小时；软件安全可靠度为百分之八十；软件出事率为百分之二十。

系统可靠性指系统在规定的时间与规定的条件下，系统正确无误地运行规定功能任务的能力。软件系统的可靠性的指标主要有：平均恢复时间、平均无故障时间等。其中，在中小学校舍信息管理系统的可靠性进行设计时，主要的目标可以定为：平均恢复时间至少为 2 秒；平均无故障时间为 2 小时。

通过对系统易用性、安全性与可靠性的阐述可知，系统易用性主要指系统的界面设计、交互设计与对用户的视听感受等的综合感受。系统安全性与系统可靠性是息息相关的，系统安全性中包含系统可靠性的特性，因此，在对系统的非功能性需求进行分析与设计时，不能只关注单个方面的特性，而是要综合考虑。

二、中小学校舍信息管理系统的设计应用

中小学校舍信息管理系统的总体架构设计是指对系统中的主要功能、系统的技术等的总体设计。在对系统总体架构进行设计时，主要从大局考虑系统的主要架构，而不能只拘泥于系统中某个细节的设计。在对系统的总体架构进行设计完成后，再对系统的细枝末节进行详细的设计。在中小学校舍信息管理系统的总体架构进行设计时，主要包括两个关键方面：系统的技术架构和系统的功能架构。系统的技术架构设计，主要涉及系统所采用的技术平台、数据库系统、网络架构等。在设计中小学校舍信息管理系统的技术架构时，需要考虑系统的稳定性、扩展性、安全性等方面，以确保系统能够稳定运行并适应未来的扩展需求。系统的功能架构设计，主要关注系统的主要功能模块，包括校舍基本信息管理、设备设施管理、安全检查与维护等。在设计功能架构时，需要确保系统能够满足学校管理各个方面的需求，同时保持用户友好性和操作便捷性。总体而言，中小学校舍信息管理系统的设计应综合考虑技术和功能，确保系统在实际运行中具备稳定性、高效性，并能够为学校管理提供全面支持。

第三节　基于区块链技术的中小学教育信息管理

"随着信息技术的发展，以比特币为底层技术，采用 Hash 算法实现数据块相继链接，产生了集网络通信、数据加密、安全共享、数据存储等多学科的一种新技术——区块链。"[①] 通过区块链可以实现数据安全、保密、共享，在很大程度上实现资源公平共享和公开性竞争。基于区块链技术的中小学教育信息管理是一种创新的方法，旨在提高教育系统的数据安全、透明度和管理效率。

一、区块链技术的认知

云计算、大数据的发展为学籍共享、学历与资格验证提供了便利渠道，通常将数据迁

---

① 李大筠，罗俊华. 基于区块链的中小学教育信息管理的研究 [J]. 集宁师范学院学报，2021，43 (5)：113.

移至"云"通过大数据技术分析，快速定位，但所有数据来源于单位建立的数据库，是以"单位数据库"为中心进行分析与定位。数据存储中心化，如网络链接的星形拓扑图，一旦中心点数据被破坏，云存储数据将会泄露，破坏者也可以通过终端修改或杜撰云数据库服务器上数据，使数据失真。区块链技术的发展和应用为解决这一问题带来了新机遇。

区块链技术是指多个节点间，基于非对称加密链式区块结构、分布式节点共识协议、P2P网络通信技术和智能合约等，组合而成的一种去中心化技术基础架构，区块链技术是多项成熟技术的一次整合。区块链的存储结构包括六部分。①数据层：是用来存储数据区块的，确保数据的可追溯性和不可篡改性。②网络层：为维持整个网络的正常运转，采用激励机制来保证拥有足够的节点参与贡献算力。③共识层：确保链上的数据不可伪造、几乎不被篡改，保障区块链网络数据的安全可信。④激励层：将经济因素集成到区块链体系之中，共识节点之间构成了服务众包机制。⑤合约层：用户将合约信息写入智能合约，在区块链上启动和交易，实现对区块数据的灵活操作和应用编程。⑥应用层：实现各种应用场景和现实案例。

区块链是当前一种新技术，目前已在很多领域中进行场景应用，随着技术的推进，算法的优化与对新知识的探索，任何技术在一定深入认知范围内都存在一定的漏洞或其他问题，区块链也不例外。一是安全问题。51%的攻击问题是区块链系统面临的安全威胁，虽然通过掌握51%的算力去攻击网络难度极高，并且收益小于投入，但是威胁始终存在。二是匿名性、隐私性。区块链网络中的节点不是显性地址，即不是真正的匿名性，在对数据传输时仍需要给出一个地址，但这个隐性地址会导致隐私性无法保障。三是吞吐并发率。为了安全性，区块链系统牺牲了性能指标，在整个过程中，签名、验证以及区块哈希运算等占用大量系统开销。每个节点，都是以 P2P[①] 对等网络身份运行，对高并发服务场景下的设计可能导致不够周全。四是系统性效率缺陷。因为即使是仅一个区块加入主链的情况下，所有节点的数据也要随之更新。当涉及大量区块同时加入主链时，不仅会导致主链的交易速度极慢，还会使数据库容量急速膨胀。五是数据空间存储。网络中的所有区块节点存储着相同的数据信息，随着时间的推移，数据与日俱增，致使数据存储空间积累到一定数量级，如何有效的解决也是一个严峻的挑战。

二、基于区块链技术的中小学学籍信息管理

将区块链技术引入中小学教育信息系统管理，具有前瞻性，对教育信息化管理建设具

---

①   P2P 是英文 peer to peer lending（或 peer-to-peer）的缩写，即个人对个人（伙伴对伙伴）。

有重要意义，也是当代教育信息化的要求。区块链技术在中小学教育领域的应用价值在于打破教育资源分布的区域不均衡性，实现教育资源共享，从而有效提升中小学教育的水平，进而全面提升国民教育水平。

以区块链技术构建系统，改变传统管理模式，提升管理水准，也符合"服务最后一公里"思想。将对象数据分别以公有链和私有链方式加密存储，获取方只有被授权后获得密钥才能查看数据，只允许特殊终端对象授权后进入系统修正数据，同时备份至多区块链中，形成历史记录。基于区块链的学籍管理，可以实现精确对接、精确管理和精确追踪。利用区块链技术进行数据加密保存和流转监督，使学、奖、教、助各活动和升转学学籍管理各过程全流程信息上链存储，便于监管，所有信息保证安全、可信、透明，可溯源且无篡改、透明、高效，切实监管好相关部门或个人行为。基于区块链技术的中小学学籍信息管理，主要功能特色包括以下方面：

第一，去中心化，建立互信与监督。分布式存储就是去中心化，也是区块链最重要最基本的特征，在区块链系统中，所有的数据都是公开的，节点之间相互透明。学籍流转整个过程中的信息以区块链方式存储，可审查且不可篡改，增强对学籍流转工作的信任与监督。

第二，公开透明，公平简易。学籍在每一个流转环节中，数据都是基于区块链分布式链式存储，具有透明化、去中心、可溯源、不可篡改的特性，使学籍信息在流转中的每一步都在区块链上留痕，如小升初、初升高、转学等过程的教师、学校、教育主管部门及其他单位或人员提供与保障的学籍信息，提供了完善监督的能力，在一定程度上可以直接在网上经验证后进行流转，减少重复性操作，降低成本，方便快捷。

第三，精准识别学生。利用区块链技术防伪造特性，鉴别各类证明真伪，随机匿名调查学生家庭等手段和方式，以保证奖助扶对象的精准识别。以区块链的来源进行识别，充分应用信息共享，通过不可变性证明进行追溯，再进行大数据处理分析，可以精准识别、管理奖助扶对象及专项资金。

三、基于区块链技术的中小学教师信息管理

借助区块链技术进行信息化管理，建立共享区块链和独立区块链，可以防止数据杜撰，存伪数据溯源。将教师信息以区块链方式存储，注入教师信息各单位为区块链中一节点，将信息写入区块链中，其他任何与本信息无关的个人或单位都不能改写区块中任一信息，将各信息以分布式记账复制到各区块中。只有获取私钥的个人或单位才能修改对应的区块信息，同时，以制度形式保障私钥保存的合法持有。

在教师信息管理系统中可以建立几个公共区块链，只有赋予"写"权限的部门，通过私钥对区块链中指定区块进行录入信息，无私钥的部门不能修改区块链中任何信息，再将修改的区块以分布式记账方式保存在链中。通过私钥这种加密方式修改信息，有效地防止非法人员篡改教师个人信息，杜绝了伪造的可能性，增强了教师评聘职称、晋级评优的透明公平性。

通过区块链进行教师队伍管理，教育主管部门可以全面掌握每个学校的师资力量，了解每一位教师的水准，进一步平衡学校师资配备。同时，为学校招聘教师提供了参考意见。学校也可根据管理信息系统，调度班级信息，调整教师，使师资在各班级适度均衡化，促进学校管理水平上台阶。

综上所述，将区块链技术引入中小学教育信息管理，既是一种挑战又是一种机遇。通过引入区块链对中小学学籍与教师信息进行管理，可以对各节点信息进行维护，阻止被随意篡改，利用历史记录可追查非法行为，进一步保障信息的安全性和信息共享办事的便利性，促进学生与教师的公开透明和公平健康竞争，提高了各级教育部门科学管理的效率。

第六章 中小学信息化管理及其创新实践

第一节 信息技术环境下的教师发展与学生培育

一、信息技术环境下的教师发展

(一) 信息技术环境下的教师发展研究范畴

教师发展的研究近年来取得较大突破，研究的重点集中在教师发展的理念、影响因素、发展阶段、评价标准、发展模式与策略等方面。在教师专业化的大背景下，自 20 世纪八九十年代以来，将教师信念、教师知识与教师能力作为教师发展基础的研究层出不穷，形成了不同的信念理论、知识结构理论和能力结构理论。

1. 教师信念

学术界对于"信念"这一复杂概念尚未有统一的界定和明晰的理论框架。在心理学意义上，信念（belief）可理解为个体对于有关自然和社会的某种理论观点、思想见解和坚定不移的看法，它是人们认识世界和改造世界的精神支柱，是从事一切活动的激励力量。个体的世界观、人生观、价值观和道德观等，都是由信念所组成的体系。信念的确立或动摇乃至瓦解决定着个体成长与发展的方向、速度与结果，抑或导致个体的精神崩溃与行为退化。《教育大辞典》把"教育信念"界定为教育者坚定信奉的教育观念或主张。教师教育信念研究有利于发现如何提高教师的自觉性，使教师有意识地分析和反思自己的教学行为，做出有利于学生的决策。教师关于自我的信念包括对教师身份的认同和教师的自我效能感。

（1）教师身份的认同。教师身份认同是指教师通过与相同或不同群体的个体进行相互交往过程所获取的关于自我社会差异与身份识别的认知，以及由此形成的对该身份具有的地位角色、职责功能的主观感知、认可接受和付诸行动的程度，从根本上来看，是一个教师成为社会代表者与成为个体自我之间的选择、平衡与确证问题。

在对身份认同的研究中，教师教育者需要做深入的自我研究，亦有不少研究指出，将学校建设为专业学习社群能为教师专业身份的认同和建构发挥支持和促进作用。在信息技术环境下，虚拟社区可为教师专业身份认同的建构提供有力的物质与氛围支持。

（2）教师的自我效能感。对教师自我效能感的研究几乎都是基于班杜拉的自我效能感理论。基于班杜拉的自我效能感理论，教师的自我效能是指教师对自己能够影响学习者绩效的能力的信念。"教师自我效能感与教学效果范围、教师教学行为、教师福利、学习者的动机、学习者参与、学生成就、学生的自我效能感、教师工作满意度、工作投入、教师工作有效性存在正相关关系。"[1]

依据班杜拉的三元交互决定论，自我效能感是一个动态变化的过程，它源于个体内部因素、环境和行为的三元交互作用，不断地消失与重构。随着信息技术在教育教学中的广泛应用，教师的信息技术应用能力也成为影响教师自我效能感的重要因素。教师只有对信息技术接受并愿意使用，才能使信息技术推广、发展和发挥效能。而且，教师对技术的接受程度也受特定的信息技术环境的影响。

2. 教师信息技术应用能力结构

当前，我国职前教师有着不同于以往的特质，尤其是在信息时代所形成的学习方式与偏好方面，准教师的心理与技术准备不足。新一轮课程改革对教师的能力要求很高，教师需要具备信息技术应用能力与传统教育教学能力、科研能力、创新能力等，与教师知识共同成为教师发展的两翼。对于信息技术环境下教师的能力结构与标准需要重新审视。

从心理学角度来看，能力是复杂结构的各种心理品质的总和，教师能力结构因教师成长、工作的情境呈现较复杂的特性，制定能力标准是保障教师能力的一个有效且重要的手段。

（二）信息技术环境下的教师发展有效途径

随着数字化、交互式、虚拟化网络发展共同体的兴起，教师发展模式逐渐趋于个性化、多元化，教师发展需要从学习方式的变革开始。从知识中心转向问题中心，从教学中心转向发展中心，需要将海量的知识信息转化为有效的教学资源，将潜在的学习资源转化为现实的发展条件；自主、终身、可持续发展理念要求教师发展要与时俱进。

采取多种方法和手段帮助教师有效应用信息技术，更新教学观念，改进教学方法，提

[1] 王凯丽. 信息技术环境下的教师发展 [M]. 北京：九州出版社，2020.

高教学质量，是国家提出的要求。随着时代的发展与进步，教师更需要具有卓越的教育智慧和育人艺术，教师发展须超越工具理性，有效地将知识、信息、技术、工具加以整合并合理地运用。

利用信息技术优势对职前教师的培养给予有力支持，对职前、职后的过渡阶段——教师职前实习实践进行有针对性的指导，在职后培训设计中融入个性化的需求，对于发展的结果与效果进行发展性评价，是教师发展的重要途径。

二、信息技术环境下的学生发展

信息技术在中小学生的发展中扮演着越来越重要的角色，它可以对学生的学术、社交和职业发展产生积极影响。

第一，学术发展。①提供在线学习资源：学生可以通过互联网访问各种教育资源，如在线教材、学习平台和教育应用程序，帮助他们获得更多的学术知识。②个性化学习：信息技术可以根据学生的学习风格和水平提供个性化的学习体验，以提高学习效率。③远程教育：中小学生可以参与远程教育课程，无论是在线学校、远程家庭学习还是混合式学习，从而拓宽了他们的学术选择途径。

第二，技能和素养发展。①数字素养：中小学生需要培养数字素养，包括基本的计算机技能、网络安全和信息检索能力。②编程和计算思维：学习编程和计算思维可以培养学生的问题解决能力和创造性思维。③媒体素养：帮助学生识别和评估在线媒体的信息可信度，以及了解数字媒体的社交和心理影响。

第三，社交互动。①通过社交媒体和在线协作工具，学生可以建立全球性的社交网络，与其他学生互动，分享学术和个人兴趣。②了解文化多样性：互联网让学生能够接触和了解不同文化和观点，促进跨文化理解。

第四，职业发展。①提前接触职业：信息技术环境为学生提供机会尝试不同的职业，如游戏开发、网站设计和数字艺术。②数字创新：中小学生有机会参与数字创新和创业，从而培养创新和企业家精神。

第五，数字安全。①中小学生需要了解网络安全原则，如密码保护、隐私保护和网络欺凌的预防。②学校和家长应当教育学生如何使用数字技术以及如何在互联网上保证安全。

需要注意的是，信息技术在中小学生的发展中有着积极的作用，但也需要谨慎使用，以确保学生的健康和安全。学校、家长和教育机构都应积极参与指导和监督中小学生在信息技术环境中的发展，以确保他们获得最大的益处。

第二节　中小学信息化校园建设与网络化管理实践

一、中小学信息化校园建设

随着信息技术的飞速发展，中小学教育也面临着前所未有的机遇和挑战。信息化校园建设已成为教育领域的一个重要议题。在信息时代，如何将现代技术融入中小学校园，提高教育质量，培养更好的未来公民，这是一个亟待解决的问题。

（一）中小学信息化校园建设的现状

1. 中小学信息化校园建设的成效

（1）数字化教室：许多中小学已经实施了数字化教室的建设，配备了互动白板、电子教材和多媒体设备，使教学更加生动、多样化。学生可以通过电子设备进行在线学习，师生之间的互动更加便捷。

（2）学校管理系统：中小学校园已经逐渐建立了信息化的学校管理系统，包括学生档案管理、课程安排、成绩管理等。这些系统能够提高学校管理的效率，减轻教职员工的工作负担。

（3）在线学习平台：随着网络的普及，许多中小学已经建立了在线学习平台，为学生提供更多的学习资源和机会。学生可以在线参加课程，做作业，进行自主学习，培养更好的学习习惯。

（4）信息安全：信息化校园建设也伴随着信息安全问题。学校需要加强信息安全意识，保护学生和教职员工的个人信息，防止不法分子的入侵。

2. 中小学信息化校园建设的挑战

（1）技术设备不足：尤其是在一些偏远地区的中小学，由于资金和技术设备的不足，无法实施有效的信息化校园建设。这造成了城乡教育资源的不平衡。

（2）教师素质不足：教师是信息化校园建设的关键，但许多教师缺乏信息技术的应用知识和教育技能。因此，需要对教师进行培训，提高他们的信息化教育能力。

（3）学生使用不当：虽然学生在使用智能设备方面可能比成年人更有优势，但他们也存在信息过载和沉迷问题。学校需要教育学生正确使用信息技术，避免不良影响。

（4）费用问题：信息化校园建设需要大量资金的投入，包括购买设备、维护、网络升级等。学校和教育部门需要解决资金问题，确保信息化建设的可持续性。

3. 中小学信息化校园建设的机会

（1）提高教育质量：信息技术可以提高教育质量，提供更多的学习资源和方式。学生可以通过在线课程获得更广泛的知识，师生之间的互动更加丰富，促进了学习的积极性。

（2）个性化教育：信息化校园建设可以支持个性化教育，根据学生的兴趣和能力调整教学内容和方法，满足不同学生的需求。

（3）培养创新能力：信息技术培养了学生的创新能力，帮助他们更好地适应未来社会的发展。学生可以通过信息技术进行独立研究，解决实际问题。

（4）教育管理优化：信息化校园建设可以提高教育管理的效率，减轻了教职员工的工作负担。学校管理系统可以更好地跟踪学生的表现，提供决策支持。

（二）中小学信息化校园建设的途径

中小学信息化校园建设是利用现代信息技术和通信技术，将教育领域的学校打造成数字化、智能化、信息化的学习和管理环境。这种建设的目的是提高教育质量，促进学生的综合素质教育，同时提高学校管理的效率和透明度。

第一，基础设施建设：确保学校拥有先进的计算机硬件、网络基础设施和通信设备，以支持教育信息化的各项应用。

第二，教育信息化平台：建立一个综合的教育信息化平台，用于管理学生信息、教学资源、教育管理等。这个平台通常包括学生信息管理系统、教师管理系统、家长管理系统等。

第三，数字教材和资源：提供数字化的教材和教育资源，使教育内容更容易访问和共享。这包括电子教科书、在线教育资源库等。

第四，互联网和在线学习：促进学生通过互联网进行在线学习，包括在线课程、远程教育和在线作业。

第五，电子教室：配置具备多媒体设备的教室，以支持互动式教学，包括投影仪、电子白板和学生个人电脑。

第六，教师培训和发展：提供教师培训，使他们能够充分利用信息技术来提高教学效果。

第七，学生设备：为学生提供计算机或其他设备，以支持他们的学习，同时确保设备的合理使用。

第八，安全和隐私：确保学校信息系统的安全性，同时保护学生和教师的隐私。

第九，数据管理和分析：收集和分析教育数据，以改进学校的教学和管理决策。

第十，云计算和移动应用：利用云计算技术和移动应用，以便学生、教师和家长能够随时随地访问教育资源和信息。

中小学信息化校园建设可以提高教育质量，增强学生的学习动力，提高学校管理的效率，并促进教育的创新。然而，这需要综合规划和长期投资，以确保系统的稳定性和可持续性。

二、中小学网络化管理实践

随着信息技术的不断发展，中小学教育管理也日益走向网络化。网络化管理是指通过信息技术和互联网工具，对中小学教育资源、学生信息、教育教学过程等进行全面管理和监督的一种管理方式。

（一）中小学网络化管理的作用

中小学网络化管理的实践对教育体系产生了多方面的作用，具体如下：

第一，提高了管理效率。网络化管理使教育管理更加高效。教育管理者可以随时随地获取相关信息，及时做出决策。学生信息、教育资源、教育教学过程都可以通过网络进行全面监控和管理，减少了冗余工作，提高了管理效率。

第二，促进了教育公平。中小学网络化管理有助于教育资源的共享和优化利用。学校可以共享教育资源，提供更多的学习机会，减少了地域和资源不均衡问题。同时，网络化管理也提供了个性化学习的机会，满足不同学生的需求，促进了教育公平。

第三，提高了教育质量。网络化管理有助于提高教育质量。通过监控教育教学过程，及时调整教学计划，教育质量得以提升。同时，学生也可以获取更多的在线学习资源，提高学习兴趣和积极性。

第四，加强了学校与家庭合作。网络化管理也加强了学校与家庭之间的合作。家长可以随时查看子女的学习情况，与学校和教师保持更加紧密的联系，共同关注学生的发展。这有助于家校合作，共同育人。

第五，提高了学生综合素养。网络化管理有助于提高学生综合素养。学生需要通过网络获取信息、进行学习和合作，这有助于培养他们的信息素养、创新能力和合作精神。此外，学生还需要了解网络安全知识，增强网络安全意识。

（二） 中小学网络化管理的途径

第一，教育信息化建设。教育信息化建设是中小学网络化管理的重要组成部分。各级政府和学校纷纷投入大量资源，建设数字化校园，购置电子教育设备，开发教育管理系统，提高信息技术基础设施水平。学校网站、在线教育平台、电子图书馆等已经成为中小学教育的常见工具，学生、教师和家长都可以通过网络获取相关信息。

第二，学生信息管理。中小学网络化管理实践包括学生信息的网络化管理。学校可以建立学生信息系统，记录学生的个人信息、成绩、考勤情况等，以便教育管理者和教师及时了解学生情况，提供更好的个性化教育服务。

第三，教育资源管理。中小学网络化管理还包括教育资源的网络化管理。学校可以建立教育资源库，包括教材、教案、教学视频、试题库等资源，教师可以根据需要自由获取和使用这些资源，提高教学质量。这也有助于资源的共享和优化利用，降低了教育成本。

第四，教育教学过程管理。网络化管理还可以用于监控和改进教育教学过程。通过在线考试、教学视频观看记录、学生作业提交等功能，教育管理者和教师可以更好地了解教学效果，及时调整教学计划，提高教育质量。网络化管理还有助于提供在线学习资源，满足学生个性化学习需求。

第五，安全管理。网络化管理也涉及学校网络安全管理。学校需要建立网络安全体系，保护学生和教师的个人信息，防止网络犯罪，确保网络资源的安全和稳定。学校还需要教育学生网络安全知识，提高他们的网络安全意识。

（三） 中小学网络化管理的发展

中小学网络化管理的未来发展将继续朝着更加智能化、个性化和安全化方向发展。

第一，智能化管理。智能化管理可以根据学生的学习情况和需求，提供个性化的学习资源和建议，提高学习效果。同时，智能化管理还可以自动化部分教育管理工作，减轻教育管理者和教师的负担，提高管理效率。

第二，个性化教育。未来的中小学网络化管理将更加注重个性化教育。学生可以根据自己的兴趣和能力选择学习路径，自主学习。教育资源将更加丰富多样，以满足不同学生的需求。个性化教育将帮助每个学生发挥潜力，实现个性化发展。

第三，网络安全加强。随着网络的发展，网络安全问题也变得更加重要。未来，中小学网络化管理将更加注重网络安全。学校将继续加强网络安全体系建设，保护学生和教师的个人信息，防止网络犯罪。同时，学校还需要加强网络安全教育，培养学生的网络安全意识。

第四，教育数据分析。未来的中小学网络化管理将更加侧重教育数据分析。通过分析学生的学习数据，学校可以更好地了解学生的学习情况和需求，提供个性化的学习资源和建议。教育数据分析还可以用于评估教育质量，及时调整教育教学计划。

第五，全球合作。未来，中小学网络化管理将更加强调全球合作。学校可以通过互联网与国际学校和机构合作，共享教育资源，为学生提供更广阔的学习机会。学生也可以通过网络与国际学生交流，拓宽国际视野。

总而言之，中小学网络化管理是教育管理的一种重要趋势，它可以提高管理效率、促进教育公平、提升教育质量、加强学校与家庭合作、提高学生综合素养。未来，中小学网络化管理将继续智能化、个性化、安全化，并强调全球合作，为教育体系的不断发展和完善提供有力支持。

第三节　中小学图书馆建设与信息化管理创新实践

图书馆在学校教育中发挥不可忽视的作用，被称为"教师的资源基地""学生的第二课堂"。要想做好图书馆的管理工作，就必须对其读者人群特点进行深入的了解，只有知己知彼，才能做到有效服务。所以，对于图书馆的管理与服务也要随着时代的发展以及人们思想观念的转变而进行改变，尤其是在当今信息化的时代，只有与时俱进，才能使中小学图书馆得到有效的利用，为学校的教育事业做出应有的贡献。

一、中小学图书馆建设与信息化管理创新的任务

"与传统的图书馆相比较，新时代的图书馆承担了更重要的使命，它不仅是新知识的传媒，更是实现师生资源共享的有效途径。"[①] 图书馆可以运用计算机网络信息来进行现代化的服务，使各种资料的储存与分类更加的明确和详尽，对各种图书的信息掌握更加的准确，从而为中小学师生提供更快捷周到的服务。而且中小学阶段由于学生年龄小的缘故，对图书的借阅程序不太了解，运用信息化的管理手段可以方便他们借到理想的图书，使服务质量更高效，满足中小学发展的需要。

---

① 段全泽. 基于信息化时代的中小学图书馆建设与管理创新 [J]. 中学教学参考，2017，（9）：84.

二、中小学图书馆建设与信息化管理创新的对策

(一) 营造和谐、安静的氛围

图书管理员对于图书借阅者一定要笑脸相迎，为他们提供细心周到的服务，换言之，对于读者一定要采取温情服务的方式。即使面对调皮、淘气的中小学生，也要更加有耐心。作为图书管理员要具备一定的沟通能力和语言表达能力，能做到让读者信服，做到服务与管理两不误，使图书馆的管理工作能深入人心。另外还可以为读者提供一些便利的服务，诸如为读者提供饮用水、存包处等，一些看似细微的服务，却可以温暖读者的心。另外，图书馆是一个书香气息很浓的场所，需要一个舒适安静的环境，所以作为图书管理员一定要运用现代化电子技术，在图书馆的布局和设计上做文章，做好图书的分类管理，还充分考虑到读者的视觉感受，把桌椅放到明亮的地方。而且，对书架的放置也要科学、合理，做到井然有序，有条款也有目录，这样既便于读者查找，也便于管理员的整理和归类，不至于在图书借阅的人来人往中打破图书馆的宁静，影响大家的阅读。

(二) 提供网络信息平台服务

随着信息时代的到来，一些电子版的书籍、资料已经代替了传统的纸质版图书，所以要想为读者提供全方面、多角度的服务，就一定要具备网络信息系统的服务能力，这样才能为读者找到更全面的信息资料。例如，可以建立数据库，为读者开展各项网上服务业务，这些专业性强的网站可以让读者有不一样的收获。所以在信息化的背景下，只有采用多元化、多层次、多载体的图书馆管理模式，才能达到有效管理的目的，才能满足中小学师生的借阅需求。

(三) 提高工作人员综合素质

作为图书馆的管理人员，首先，要具备专业的技能，能完成对所有图书进行整理、归类等最基本的工作，并且能做到有条不紊；其次，要具备现代化的计算机操作技术、网络信息技术，对于信息化的交流平台一定要熟悉，只有这样才能随时为读者进行图书的查找、资料的查询，才能实现图书馆的高质量服务与管理，使管理工作得到进一步的优化与创新。

(四) 增加图书馆内的馆藏量

图书馆对于中小学教师和学生来说，是一个可以提供资料服务的场所，更是开展各项

活动的基础。所以一定要重视图书馆馆藏量的增加，而这里的增加馆藏量并不是简单购置大量的图书资料，而是运用现代化的信息技术来进行图书储备，加大各个学校之间的交流与共享力度。当然也要重视信息技术的开发与利用，创建具有自己特色的管理模式，通过各种信息手段来进行各种文献资料、音像资料、电子媒介的收集与整理，并且要把这些作为图书馆工作中的一个重要环节。

总而言之，要想让图书馆的建设与管理在信息化的时代发挥出它应有的作用，就必须加强对图书馆管理人员综合素质的培训，提高他们的责任心，加大信息收集力度，也要不断增强服务水平，为中小学师生提供更加便捷的服务，促进图书馆建设与管理工作的和谐、健康与稳定。

参考文献

[1] 陈敏. 中小学学籍管理系统的研究与分析 [D]. 昆明：云南大学，2016：6-108.

[2] 陈善强. 中小学校舍信息管理系统应用探索和实践 [J]. 中国教育信息化，2012，(18)：89-91.

[3] 段全泽. 基于信息化时代的中小学图书馆建设与管理创新 [J]. 中学教学参考，2017，(9)：84.

[4] 段山，严定友. 体现信息伦理教育的中小学信息技术教材编写探究 [J]. 出版科学，2020，28 (3)：41-46.

[5] 龚凤凤. 探究小学信息技术课程教学方法 [J]. 启迪与智慧 (中)，2021，(6)：80.

[6] 贾继娥，褚宏启. 中小学生的信息素养及其培育 [J]. 教学与管理，2021，(34)：24-27.

[7] 靳君. 智能移动终端在中小学教学中的应用探析 [J]. 兰州教育学院学报，2017，33 (5)：165.

[8] 康媛媛. 浅议中学信息技术教学 [J]. 速读 (下旬)，2017 (7)：93.

[9] 李大筠，罗俊华. 基于区块链的中小学教育信息管理的研究 [J]. 集宁师范学院学报，2021，43 (5)：113.

[10] 李海婧. 浅谈中小学信息技术教学 [J]. 中华少年 (研究青少年教育)，2012 (18)：58-58.

[11] 李悦. 基于 RFID 的中小学校园安全管理平台设计与实现 [D]. 厦门：厦门大学，2014：7.

[12] 廖恒. 关于中小学信息技术教学的几点思考 [J]. 读写算 (教育教学研究)，2014 (28)：70-70，71.

[13] 林冬青. 全面推进中小学校舍信息管理系统应用的探索 [J]. 中国教育信息化，2010，(24)：4-6.

[14] 吕红军，李梅. 中小学信息技术的迭代及应用 [M]. 青岛：中国海洋大学出版社，2018.

［15］牛刚. 交互式电子白板在中小学课堂教学中的应用初探［J］. 内蒙古教育，2016（2）：95.

［16］仝生羽，李虎，徐雪瑞. 中学信息技术教学探索与实践［M］. 长春：吉林人民出版社，2021.

［17］孙敬宽. 浅谈中学信息技术教学策略［J］. 学周刊（A），2012（3）：177-177.

［18］仝甡羽. 中学信息技术教学探索与实践［M］. 长春：吉林人民出版社，2021.

［19］王婧. 中小学在线考试系统的研究与分析［D］. 昆明：云南大学，2016：5-61.

［20］王军. 基于知识管理的中小学网络教研平台构建与研究［D］. 长春：吉林大学，2015：8.

［21］王凯丽. 信息技术环境下的教师发展［M］. 北京：九州出版社，2020.

［22］王清. 问题解决教学模式在中小学信息技术教学中的应用［J］. 软件导刊，2012，11（1）：171-173.

［23］王映雪，肖映铭. STEM 视阈下的中小学信息技术教学模式初探［J］. 下一代，2021（11）：75-76.

［24］王佑镁. 小学信息技术教学设计［M］. 北京：高等教育出版社，2015.

［25］韦陈德. 中学信息技术教学环境的搭建技巧［J］. 中国信息技术教育，2014，（1）：123-124.

［26］谢槟. 信息素养视角下小学信息技术课程教学的策略［J］. 亚太教育，2022，（20）：58.

［27］徐均大. 中小学信息技术教学衔接研究［J］. 生活教育，2022（3）：64-65.

［28］杨德海. 大数据时代下中小学信息技术教学研究［J］. 新课程（下），2018（5）：108.

［29］张晓霞. 中小学信息技术教学浅析［J］. 新课程学习（中），2014（6）：153.

［30］赵红娥. 云南大理州中小学校舍信息管理系统的设计与实现［D］. 济南：山东大学，2016：5-38.